Le Miroir du Monde

PAR
OCTAVE UZANNE

PARIS
MAISON QUANTIN
1888

P. Avril

LE
MIROIR DU MONDE

NOTES ET SENSATIONS

DE LA VIE PITTORESQUE

PAR

OCTAVE UZANNE

ILLUSTRATIONS EN COULEURS

D'après PAUL AVRIL

PARIS

MAISON QUANTIN

COMPAGNIE GÉNÉRALE D'IMPRESSION ET D'ÉDITION

7, RUE SAINT-BENOIT, 7

—

M DCCC LXXXVIII.

LE

MIROIR DU MONDE

IL A ÉTÉ TIRÉ DE CET OUVRAGE,

2,000 exemplaires sur vélin de Hollande
NUMÉROTÉS DE 1 A 2,000.

100 exemplaires sur grand papier du Japon
NUMÉROTÉS DE I A C.

100 exemplaires sur Japon du format du volume
NUMÉROTÉS DE CI A CC.

———————

EXEMPLAIRE N° 41

PROSCENIUM

La plupart des gens qui vivent dans ce
monde ne le connaissent point, par la raison
qui fait que les hannetons ne connaissent pas
l'histoire naturelle.

(Chamfort.)

O LECTEURS *polymathiques et minutieux, venez çà... qu'on vous confesse! — N'allez-vous pas, au seul vu ou à l'audition de ce titre :* Le Miroir du Monde, *nous verser sur la tête toute une brillante bibliographie* moyen-âgeuse *et remuer inutilement la poussière des plus rares incunables? — Oui, certes, nous possédons déjà le* Speculum vitæ humanæ *de Rodericus Zamorensis, puis le* Speculum humanæ salvationis, *remis en lumière par le docte frère Jean, du monastère de Saint-Ulric, et enfin le* Speculum triplex *de Vincent de Beauvais, sans oublier le très illustre* Myrrour of the World, *la première belle impression à gravures faite en Angleterre, à l'abbaye de Westminster, vers 1581, par William Caxton. — Est-ce tout?*

Mais, de grâce, Messieurs, calmez votre ardeur érudite et

*cessez de psalmodier sur ce livre les litanies de votre mémoire réflec-
tive; Le Miroir du Monde, qui est ici offert à l'admiration de tous
les rayons visuels du public d'Héliopolis, n'a rien à débrouiller avec
la bizarre catoptrique de votre répertoire bouquinier; il n'est nulle-
ment taillé dans les pierres spéculaires de l'archéologie et n'em-
prunte ni son éclat à l'obsidiane de la bibliognosie, ni son reflet à la
phengite des catholiques rédempteurs de l'antiquité. — C'est un
simple petit miroir à main, de facture très moderne, taillé à
facettes, coquettement poli comme l'Aîné-y-sourid des contes orientaux, et sa forme n'affecte pas les prétentions sphériques de l'omni-
science universelle qu'on lui pourrait prêter.*

*L'auteur n'a eu d'autre souci que de parfaire une œuvre de
polylogie légère, scintillante comme les zigzags du paradoxe ou
inattendue comme les foucades d'un esprit indépendant, œuvre vapo-
reuse, irisée, nacrée et aussi inconsistante ou fugitive que toutes les
bulles de savon des vanités ou illusions humaines.*

*Il s'est donc appliqué à sertir dans un somptueux cadre très
chargé d'ornements certaines pensées d'un caractère peut-être menu,
mais grassement encré par le noir ou le bleu de ses impressions
passagères, sans penser à Vauvenarguer ou Rivaroler dans ces
perspectives nouvelles d'un ouvrage essentiellement créé pour la
ballade récréative de la prunelle. — Se laissant aller benoîtement
à la dérive de ses sensations, le malheureux typomane compagnon
de Paul Avril s'est faufilé à travers le pittoresque du dessinateur,
comme le ruisseau qui gronde et murmure — ô Fénelonesque
image! — se fraye un passage au travers des grands sites boisés,
vallonnés, variés à l'infini, tantôt bruissant, dans la gaieté du soleil,
sur le cailloutis du sol, tantôt cascadant aux sinuosités de la route,
tantôt enfin s'assombrissant dans les profondeurs dormantes, sous
la mélancolie des bocages enténébrés.*

A moins qu'il ne soit atteint de pseudoblepsie, ledit étameur du Miroir du Monde *pense avoir créé un de ces ouvrages aimables et sans prétention, dont parle Horace Walpole; un de ces recueils qu'on ouvre quand on a la goutte, quand on s'ennuie plus que de coutume ou qu'on attend du monde, un de ces essais pimpants, irradiés de couleurs gaies, chassant de l'œil la monotonie du noir, juste assez court pour servir d'entr'acte à deux loisirs et pas assez long pour épingler le papillon voltigeant dans nos cervelles; un livre enfin qu'on happe du regard, qu'on abandonne et qu'on reprend, qui séduit par la raison même qu'il n'attache pas, un opuscule presque idéal, divisé en autant de chapitres que le budget des jouissances de cette vie, un livre élégant, moitié keepsake, moitié formulaire de morale, facile à aimer et à pratiquer distraitement comme le paroissien de la religion mondaine, aisé à digérer comme les aliments pillulaires revêtus d'une chape d'or, un livre en pente douce, combiné à souhait pour un siècle asthmatique.*

En se laissant travestir de toutes pièces par un fantaisiste dessinateur qui a su draper ingénieusement ses aimables versions d'interprète, l'écrivain novateur et fantasque, mais philodoxe a repoussé tout essai de justaucorps; il n'a point voulu d'une livrée adhérente à ses phrases, n'aimant aucunement à se sentir emboîter le pas de trop près par un zèle fidèle ou intempestif. Il n'a, conséquemment, livré au costumier que l'ombre de sa pensée avec la projection d'un éclairage lointain; il s'ensuit que nombre de draperies ne s'ajustent guère que sur des choses inexprimées, mais flottant dans l'air ambiant d'une impression sylleptique, tandis que d'autres fois on ne trouve attiffé que le serviteur d'une idée assez maniérée et trop rebelle pour consentir à se laisser prendre mesure.

Au surplus, il est permis de penser que le mariage de la plume et du crayon, de l'art idéologique et de l'art graphique, en par-

*faite communion d'expression et de sentiment, ne sera jamais qu'une
franche utopie. Il ne peut y avoir entre eux qu'une sorte d'union
libre avec vagabondage et infidélité à distance. Telle la Musique
n'épouse la Poésie que pour l'étriquer et la déformer en la passant
au laminoir du gosier des ténors. — Les neuf Muses sont sœurs ;
elles peuvent s'accoupler, comme les femmes damnées de Baude-
laire, mais pour se corrompre — l'union saphique est gracieuse,
mais elle demeure stérile. — Apollon, par contre, apparaît toujours
solitaire ; courtisan infatué de sa propre gloire, il ne poursuit
Daphné qu'avec le secret désir de la voir métamorphosée en laurier.
C'est que toute expression d'art doit être subjective, altière, et
par là même insoumise à l'interprétation. La sensation idéale de la
personnalité est intraduisible, elle reste non moins isolée qu'isolante. La sororité des Arts est, en conséquence, aussi niaise et
aussi risible que la fraternité des peuples, chaque artiste d'origine
se mirant, comme Narcisse, à sa propre source. — Conservons donc
à jamais le mythe Apollonien. Il suffit à illuminer de vérité et à
enluminer de son Prisme toute la lyre du Beau.*

O. U.

Le Monde

et

La Société

LE MONDE

ET

ET

LA SOCIÉTÉ

———◈———

Nous nous vendons au monde à si bas prix, que son service nous coûte à la fin fort cher; nous lui sacrifions corps et âme, et il ne nous récompense que de fumée et de vaines espérances. O traître de monde! tantôt tu nous hausses et tantôt tu nous abaisses, tantôt tu nous réjouis, et tantôt tu nous affliges. Tu donnes à l'orgueilleux des honneurs pour le livrer ensuite au mépris, tu abandonnes à l'avare les richesses, afin d'augmenter son indigence, tu prostitues au luxurieux des femmes afin qu'il se ruine la santé, et tu endors le paresseux dans l'oisiveté, afin qu'il crève et s'engourdisse dans la fainéantise. Ta fausseté nous est connue; et cependant nous avalons ton venin sucré avec une extrême avidité, jusqu'à ce que la mort nous surprenne et nous fasse passer à l'éternité, où la justice divine distribue les gages dus aux services qu'on t'a rendus.

— Le Jérémie, qui se douloie avec un si noir pessimisme sur le monde et la société, est un certain philosophe suédois inconnu, bien que de haute valeur, le comte Oxenstiern, mort au début du siècle dernier en son pays de brumes. Les moralistes, en général, ne sont point beaucoup plus tolérants lorsqu'ils se trouvent en face de tous les coups de canifs donnés au contrat social et de toutes les tristesses cachées sous le brillant des relations mondaines. — Le monde ne vaut point tant d'invectives; il n'y a qu'un moyen d'y entrer, mais il y en a cent d'en sortir, proclamait malicieusement Montaigne. — De la société on peut dire de même, rien n'est plus aisé que de s'y soustraire; si les uns n'y gobent que du vent, comme le chien d'Ésope, les autres mettent les relations en coupe réglée et savent habilement se servir des hypocrisies sociales en tant que force motrice de leurs ambitions.

Qu'on la compare à une cage emplie de fous ou à une galère peuplée de sots, la société n'en est pas moins l'expression de la vie civilisée et luxueuse; il est nécessaire d'y passer, sinon de s'y attarder, ne serait-ce que pour y parfaire ses humanités au contact de l'homme et de la femme. Puis, à vrai dire, si solitaires, si penseurs, si intimistes ou si ours que nos goûts ou notre éducation nous ait faits, le monde, avec son bruit, ses soirées, ses fêtes, nous attire par le charme et le mystère d'inconnu que nous aimons (si désillusionnés puissions-nous être) à lui

prêter lorsque nous recevons une nouvelle
assignation à comparaître en ses agapes.

Nous jurons de ne point nous départir
de notre dégoût mondain et nous nous
laissons séduire par cent *que sais-je* et
mille *peut-être,* qui sourceront toujours
de notre nature romantique et sentimen-
tale. — Nous arrivons frais, pimpants,
affriandés sur l'hippogriffe de notre
idéal avec cette petite lanterne de Diogène où brille la lueur d'espérance de
rencontrer un homme ou une femme
dans ce tourbillon vani-
teux; nous nous *déchry-*
salidons au vestiaire,
et l'empilade des
vêtements, qui
tous se ressem-
blent dans la lai-
deur de leurs for-
mes et la tristesse
de leur tonalité,
nous emplit déjà
d'un noir dans
l'âme de mau-
vais augure.
Nous entrons :
banalités sur
mesure de l'hô-
tesse de céans; à gauche, à droite, poignées de mains, salutations
lointaines, esquissées par un sourire ou grimacées par un cligne-

ment d'œil expressif ; dans un premier salon, des femmes parquées sur des sièges côte à côte, dans la geôle de leurs corsets, tristes et résignées à leur exposition collective. — Debout, effarés, mais souriants, circulant avec peine, mi-étouffés, ventre à dos, serrés aux coudes, des hommes de tous âges se poussent, avancent péniblement on ne sait où, le front moite de sueur, avec une allure curieuse de badauds qui attendent un événe-ment. Des lambeaux de phrases heurtées se croisent, propos hâtifs de coins de rues, sans l'ombre d'une conversation suivie ; on est là pour voir et se faire voir, en une sorte d'exploitation de vanité en commandite, dont le receveur particulier et les invités espèrent toucher les dividendes dans les citations des journaux du lendemain ou la tradition orale des salons voisins. Les heures passent dans le néant de la chose, et lorsque four-bus, fripés, engourdis, pleins de vide, de lassitude morale, nous regagnons notre voiture sous le ciel inclément de l'hiver, lorsque le coupé fuit sous l'averse dans la rue esseulée, nous nous sentons bêtes à faire peur, alourdis par l'incroyable nullité de ces relations vagues, furieux d'être dupes de nous-mêmes, contrits de la désertion du foyer, où, sous la lampe claire, dans le bien-être du chez-soi, au milieu des objets aimés, élus de notre choix, des esprits ailés, des âmes chantantes, amis de toute heure, livres fortifiants et irradiants, nous attendaient, prêts à nous faire oublier, par leur élévation, les éclaboussures humaines de la journée.

Nous reprenons donc possession de notre être et de notre *home* avec une quasi-volupté ; nous nous mettons aux arrêts de rigueur pour cette vaine sortie dans la foire des sottises triom-phantes, nous nous croyons désabusés à jamais et notre lanterne de Diogène, lasse de brûler, est devenue sourde, sinon éteinte ; nous ne subissons plus momentanément les attractions du dehors, et, enclos dans la retraite, nous demeurons une ou plusieurs semaines attentifs à la vibration de nos propres sensations, dans l'action de la vie réflective qui est cent fois plus romanesque que la vie mondaine; puis, un beau matin, la girouette tourne et grince : une révolution se fait dans notre jugement, les invitations pleuvent sur notre table, enjoliveuses de promesses et de séductions; nous nous demandons si nous ne sommes point le pire ennemi de nous-même et du plaisir des accointances fugitives; nous avivons la lanterne, nous disant que l'homme est une ombre, que la vie est un songe, qu'il faut penser, avec Gracian, que le sage est un Protée qui est fou avec les fous, docte avec les doctes, saint avec les saints et jovial avec les enjoués. Nous nous persuadons que la ressemblance étant le lien de la bienveillance, il est de notre devoir social de nous assouplir, de nous gracieuser et de gagner les cœurs avec moins de hautaine chevalerie esthétique et plus de bonne monnaie courante à l'effigie banale de tout le monde.

Et nous voilà repartis, dans l'uniforme du frac, à la recherche de la meilleure des sociétés modernes. Bals, soirées, auditions, dîners, *afternoon teas,* nous nous dépensons partout avec accablement, nous nous mettons de niveau, le plus possible, avec le froid empressement qui est de bon ton et l'honnête lieu commun qui ne fait partir aucun fulminate. Nous agitons superficiellement le corbillon des futilités du jour, la question de théâtre, si primordiale dans l'encabotinement des mœurs actuelles, la question politique et surtout la question de l'éternel féminin entre hommes au fumoir, et partout un bel esprit vient couper tout propos réglé par un bon mot qui fait sursauter les rates.

Le dégoût nous empoigne de nouveau à l'énoncé correct de tant de calomnies, de ragots, d'indiscrétions, de popotages et d'in-

signifiantes. Ces femmes chez lesquelles nous rêvions de rencontrer une âme d'élite en détresse sur cet océan fait de vomissements d'infamies, ne nous apparaissent plus que comme des poupées inconscientes, ballottées par l'ennui, amoureuses du mal, désarticulées par la névrose, bonnes peut-être, au fond, d'une bonté assoupie dans l'hypocrisie de leurs relations; curieuses à l'excès des mystères qu'elles croient deviner, fouilleuses d'hommes à la satiété, condamnées de la vie élégante et mannequins de couturières pour l'orgueil marital.

Ces hommes, au sourire stéréotypé, ils portent sur le visage ce qu'on pourrait appeler le type parisien dont Balzac a donné une si juste analyse, c'est-à-dire « des ambitions trompées ou mortes, une misère intérieure, une haine endormie dans l'indolence d'une vie assez occupée par le spectacle extérieur et journalier de Paris, une inappétence qui cherche des irritations, la plainte sans le talent, la grimace de la force, le venin des mécomptes extérieurs, qui excite à sourire de toute moquerie, à conspuer tout ce qui grandit, à méconnaître les pouvoirs les plus nécessaires, à se réjouir de leurs embarras, et à ne tenir à aucune forme sociale. Ce mal parisien est à la conspiration active des gens d'énergie ce que l'aubier est à la sève de l'arbre : il la conserve et la dissimule. »

Et quand, aux heures tardives, toutes ces bêtes humaines — enveloppées par les convenances, empapillottées dans l'élégance et la correction — sont lâchées, affamées, au buffet qui s'ouvre, ne jouissons-nous pas de l'admirable avantage de la civilisation en voyant le cannibalisme de tous ces appétits se ruant à la mangeaille comme une meute à la curée, avec la bousculade, l'égoïsme, la grossièreté même de leurs instincts primitifs. Dans les fêtes officielles, grâce à la voyoucratie montante, ce n'est plus le buffet, c'est l'abreuvoir, où l'on parvient par écrasement et par pugilat; c'est la force populaire qui marche à la conquête du Clicquot gratuit. — Dans toutes ces cohues mondaines, nous arrivons avec des ailes, et nous en retournons en boitant, doutant de tout, n'ayant plus notion complète de nous-mêmes, vidés, blessés, souillés, découragés pour le combat, car nous avons entendu nier la force, le talent, le génie même, impudiquer la vertu, blâmer le courage, abaisser la grandeur, détruire nos idoles et briser nos tremplins. — Parfois, sur un coin de divan, nous échangeons quelques mots incolores avec une rieuse et coquette mondaine dont nous apprécions tout le charme et la grâce; mais le dialogue est contraint, hâtif, mal équilibré, car on a la notion de cette superficialité de connaissance

qui doit rester tout en façade, sans que jamais le temps
ne nous permette d'ancrer plus profondément l'amorce
d'une sympathie souvent sincère. La Société actuelle
reste donc insaisissable dans un perpétuel frôlement qui exclut
l'intimité et la notion approfondie des êtres que l'on voit; chacun
court, dans une folie commune, vers un but incertain, avec la fièvre,
l'agitation, l'hystérie de la relation et de la présentation. On se
perçoit, on se touche la main, on se flaire légèrement, à tort ou à
raison on plaît ou on se déplaît, on se sourit, on se congratule, on
échange force fausse monnaie, et, déjà distraits par de nouveaux
désirs, on se quitte pour se revoir le temps d'une seconde à certains détours du chemin de la vie.

Le *cher ami,* dans notre société démoniaque, que cache-t-il?
— Un monsieur rencontré fortuitement au coin d'un salon, pré-
senté, et en compagnie duquel on a grignoté quelques lambeaux de
phrases et quelques sandwiches; on sait, on sent qu'on n'ira jamais
au delà, mais on s'étiquette, on se nomme *cher ami,* on échange
des cartes, d'indécises invitations verbales qui ne sont prises au
sérieux ni d'un côté ni de l'autre, vaguement on se dit : *Venez
me voir... vous savez, le jeudi,* et l'interpellé, non moins don-
neur de gabatine, reprend : *Certes, au premier jour, très bonne
mémoire, n'ayez crainte,* et l'on disparaît insoucieux, fouetté par
ces paroles vaines, emporté dans le tourbillon, arrêté au passage
par d'autres *très chers amis* aussi mal connus, toujours souriants,
confits en louanges et qui ont fait de la banalité amicale un art et
un sport extravagants.

Pour le penseur qui sort escorté de soi-même, très absorbé
dans la dualité et dans le gonflement de ses rêves, pour le cérébral
qui roule des phrases ou des mélodies suivant le rythme des voi-
tures, pour l'heureux de Paris toujours chantonnant et gaveur d'illusions, toutes ces amitiés pour l'usage externe ne sont que des

gênes, des agrafements désagréables, des importunités auxquelles cependant on se fait comme aux trémolos inutiles des anciens mélodrames; car ces relations forment en quelque façon les trémolos de la vie interne agissante; on parvient à créer une loge spéciale à son intellect où l'on campe une sorte de concierge des lieux communs qui répond pour nous, sans déranger l'essor de nos pensées. — N'était-ce cela, la vie deviendrait un bagne où les ennuyeux ennuyés seraient les gardes-chiourmes des analystes et des rêveurs charmés et comme engourdis par un foyer de pensées concentriques.

Il est cependant des sociétés choisies et à porte à peine entr'ouverte, où la gaieté pénètre et vient s'asseoir à la bonne franquette, où tout en nous se dilate dans une tiède couvaison de bien-être, d'esprit communicatif et de conversation souvent paradoxale, mais toujours élevée; dans ces milieux rares, où survit la superstition du vieux proverbe : *A plus de dix, les oreilles poussent,* on se reprend à aimer ses semblables et à bercer ses rigueurs et ses dégoûts coutumiers; la philosophie se fait rieuse, excentrique, capricante ou « bon enfant »; elle indulgente les faiblesses et les pauvretés d'esprits de façon toute chrétienne, car on rencontre dans cette compagnie *select* des *partners* délicats vis-à-vis desquels le tête-à-tête présente le plus raffiné des plaisirs; on y trinque réellement du cerveau avec ces mêmes intimistes réservés, si timides, si ternes, si obscurs et muets dans les grandes assemblées houleuses, mais par contre si pénétrants, si quintessenciés, si complexes et si individuels dans l'échange des conversations à deux. On ne se confie plus alors à la légère dans un bavardage flou et gracieux sans nulle expression, on se cherche avec une stratégie morale, prêt à se dérober si l'ennemi supposé n'est pas de taille, heureux de déposer

les armes si on
le sent en éveil
et sérieusement
garni de munitions
dans les casemates pro-
fondes de son érudition et de sa fantaisie.
Dans ces meetings spéciaux, on se sent coude à coude
dans une même atmosphère d'idées et de sym pathies,
on est chez soi; on peut se livrer et parler sa langue,
sortir des conventions et braconner un peu dans les convenances
imbéciles. On s'y méliore, on s'y retrempe en souplesse et en
jouvence, et la danse n'est plus cette ridicule niaiserie des salons
high life, elle devient un thème à causerie sautante, une pastou-
relle séduisante qui nous met au bras de femmes confiantes, à la
gaieté sonore et naturelle, non point des créatures comprimées,
empesées par la rigidité des hypocrisies; elle nous livre des fleurs
fraîches et embaumées au lieu des roses artificielles montées sur le
fil d'archal de l'obligation sociale.

« La société, disait Chamfort, l'admirable contempteur, rape-
tisse beaucoup les hommes; mais elle réduit les femmes à rien. »
Il est permis de se demander ce que toutes ces pauvresses qui s'ha-
billent, babillent et se déshabillent, pensent au sortir des fêtes mondaines, alors que de retour au logis, près du feu de leur chambre,
avant de se mettre au lit, elles revoient par la pensée, dans l'écho

des valses qui tintinnabulent encore à leurs oreilles, le néant de leur
soirée, traversée par le vent des paroles, la coquetterie des compliments et la jalousie ambiante des autres femmes. Si ces corps, pétris
d'incitations à l'amour physique, sont quelque-peu habités par un
esprit hautain et supérieur à la griserie des conquêtes aisées, quelle
souffrance et quel abattement! quel frisson d'esseulement surtout
ne doivent pas saisir ces délicats oiseaux de paradis, à leur rentrée
au nid encore tiède de toutes les couvaisons idéales, c'est-à-dire de
leurs rêves, de leurs ambitions cordiales et intellectuelles! Quelles
nausées pour ces hommes à idées toutes faites, à compliments uni-
formes, à ambitions grossières, à manières identiques! Elles aussi,
ces Danaïdes de l'insondable, doivent songer que leur vie est un
gouffre où, dans la béance du vide, passe uniquement le bruit,
un bruit d'enfer, fait de rires, de mièvreries, de sots
flirtages, de coquetteries, de parades, d'enjupon-
nements, d'expositions publiques et d'adoration
perpétuelle. — Dante a oublié ce cercle infer-
nal, et les infortunées Cythé-
réennes de la société valsante, po
kante et nocturne, tour à tour rec
vant et reçues, — si tant est que
pénètre encore en elles un rayon d
soleil de l'âme, — peuvent, dans
dégoût de leur existence (dont el
ne peuvent sortir, pensent-elles
sans déchoir), chercher dans
l'abus de la morphine ou dans le
toxique de l'amant toujo
renouvelé, l'oubli ou plutôt
l'aveuglement du néant qui les noie. L'on se
remémore, comme une fin de ballade, en songeant à ces damnées,

la conclusion d'un vieux conte cité par Montaigne : « Ce n'est pas à dire que le muletier n'y treuve son heure. »

« N'oubliez pas, écrivait Diderot, que, faute de réflexion et de principes, rien ne pénètre jusqu'à une certaine profondeur de conviction dans l'entendement des femmes ; que les idées de vertu, de vice, de bonté, de méchanceté nagent à la superficie de leur âme ; qu'elles ont conservé l'amour-propre et l'intérêt personnel avec toute l'énergie de nature, et que, plus civilisées que nous en dehors, elles sont restées de vraies sauvages en dedans, toutes machiavélistes du plus au moins. »

Quoi qu'il en soit, sans elles, la société, aussi laide que nous venons de l'entrevoir, n'aurait plus l'ombre d'un attrait, ni la moindre attirance d'inconnu. Ce sont les femmes qui font les mœurs, alors même qu'elles les déforment, et la société subit inexorablement leurs lois. Grâce à elles, si déplaisant que soit le monde en général, elles y apportent leur fleur d'élégance et l'éclat de leur beauté. Dans l'ennui le plus profond des soirées nulles, elles font souper nos yeux d'un menu si varié, qu'on est ébloui dès l'entrée et aussitôt grisé que rôti ; elles règnent par le désir qui les enveloppe, par les caprices qu'elles font naître, parfois, par les passions qu'elles désespèrent. Lorsqu'elles laissent échauffer par l'amour les facultés qui sont en elles, elles apparaissent divines et rayonnantes, et lorsque leur cœur se contente de sourire des entreprises dirigées contre lui, elles sont susceptibles de devenir des amies tendres et touchantes. Leur gaieté légère dissipe notre tristesse et leur délitesse atténue la vulgarité des mâles; enfin, — ce qui pour nous est la raison même de notre insapience, c'est que, pour peu qu'il s'agisse d'elles, nous nous sentons malgré nous conduits dans ce désert du monde, car la femme, comme le sphinx, porte écrit sur son front le symbole de l'Apocalypse, le mot qui avive notre curiosité, ce *Mystère des mystères* qui est comme le *Cantique des cantiques* de notre incrédulité défaillante.

Pour nous résumer, il est sage de nous hâter de faire le tour des convenances sociales, au sortir même de l'adolescence, afin de délacer ce corset baleiné d'hypocrisies qui soutient les appas alourdis et cascadants de la vie mondaine; il faut, comme disaient nos pères, distinguer la peau de la chemise, ne point nous mettre en gêne pour manifestement mépriser tant de dessous honteux, et n'avoir nul souci de l'opinion, qui n'est, selon le moraliste, la reine du monde que parce que la sottise est la reine des sots. Le monde et la mode veulent n'être suivis ni de trop près, ni de trop loin; il serait aussi ridicule de s'y soustraire entièrement que profondément, niais de s'y soumettre en aveugle. (Il est bon souvent d'alimenter son dégoût dans la fréquentation du monde pour mieux concentrer ensuite son bonheur dans l'intimité.) On pourrait dire du monde ce que Mme de Staël pensait de la gloire : « C'est le deuil éclatant du bonheur. » Nous lui apportons notre or et il ne nous rend que la fausse monnaie; son pouvoir est établi sur le préjugé, la vanité, le calcul; dans son milieu, nous envoilons de crêpe aussi bien la raison que la vérité et le sentiment

De tous les moralistes qui ont écrit sur là société, La Rochefoucauld, dans la maxime suivante, est peut-être celui qui ait le mieux exprimé nos véritables devoirs et charges vis-à-vis du contrat social qui nous lie tous solidairement : « Pour rendre, dit-il, la société commode, il faut que chacun conserve sa liberté. Il faut se voir sans sujétion et se pouvoir séparer sans que cette séparation apporte de changement. Il faut se pouvoir passer les uns des autres, si on ne veut pas s'exposer à embarrasser ; et on doit se souvenir qu'on incommode souvent quand on croit ne pouvoir jamais incommoder. Il faut contribuer, autant qu'on le peut, au divertissement des personnes avec qui on veut vivre; mais il ne faut pas être toujours chargé du soin d'y contribuer. »

Il faut surtout vivre du monde et s'en paître tel qu'on le trouve ; un honnête homme, écrivait l'auteur des *Essais*, n'est pas responsable du vice ou sottise de son métier.

LES ARTS ET LES LETTRES

LES

ARTS

ET

LES LETTRES

J'aime les créateurs, tout le reste
me paraît peu de chose.

(Voltaire.)

L'ALLÉGORIE de la cigale et de la fourmi ne s'adapte plus
guère aux professions libérales; le pays de Bohême a disparu de notre ethnographie, et le palais des Beaux-Arts s'est
transformé en une petite Bourse où les bourgeois de la palette con-
vertissent leurs sentiments esthétiques en bonnes valeurs au porteur. La formidable poussée d'artistes de tout ordre qui se ruent
aujourd'hui au succès, à la lumière de la publicité, à la réputation
hâtive, au milieu du bruit des réclames et du tohu-bohu des assemblées médiocratiques, arrive peu à peu à décourager l'attention.
Le talent s'est multiplié avec une telle profusion, sous toutes les
espèces et dans toutes les formes, que l'enthousiasme condensé
dans chaque individualité s'est vite changé en fausse menue mon-

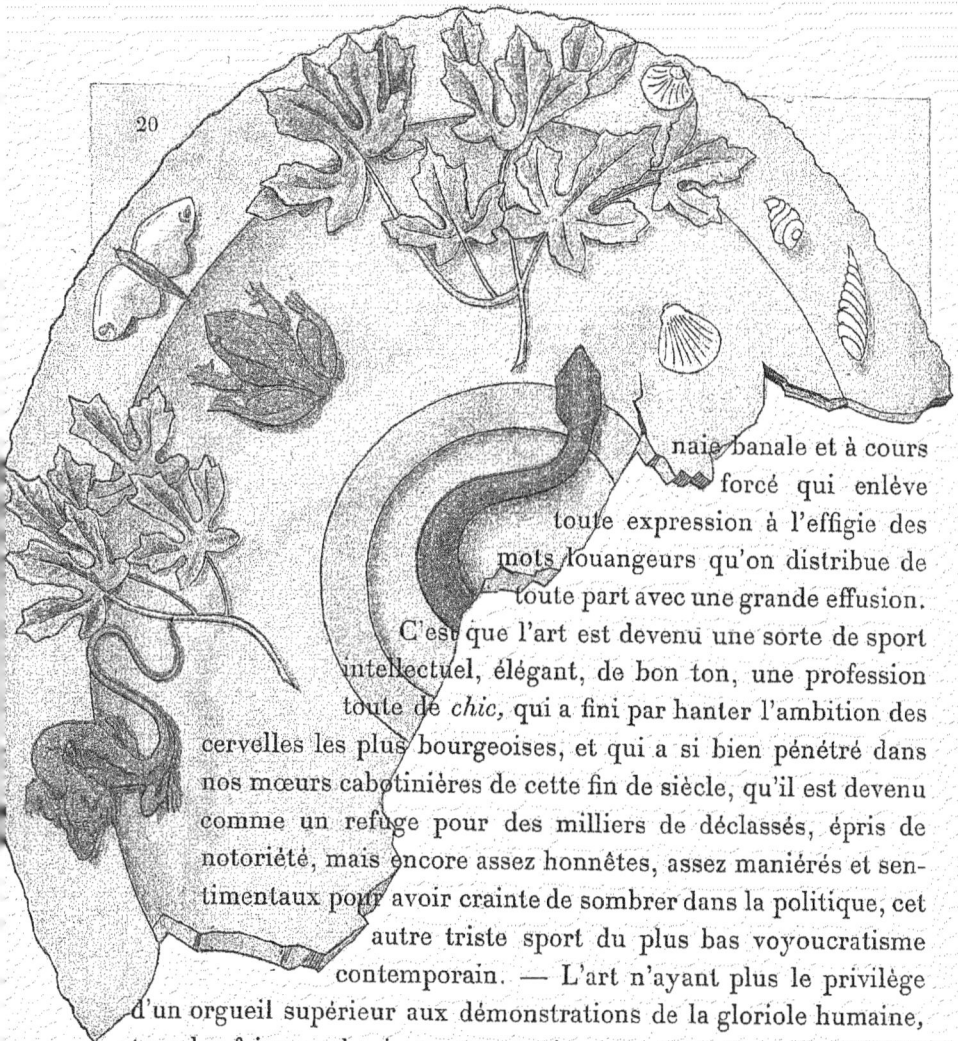

naie banale et à cours
forcé qui enlève
toute expression à l'effigie des
mots louangeurs qu'on distribue de
toute part avec une grande effusion.
C'est que l'art est devenu une sorte de sport
intellectuel, élégant, de bon ton, une profession
toute de *chic*, qui a fini par hanter l'ambition des
cervelles les plus bourgeoises, et qui a si bien pénétré dans
nos mœurs cabotinières de cette fin de siècle, qu'il est devenu
comme un refuge pour des milliers de déclassés, épris de
notoriété, mais encore assez honnêtes, assez maniérés et sen-
timentaux pour avoir crainte de sombrer dans la politique, cet
autre triste sport du plus bas voyoucratisme
contemporain. — L'art n'ayant plus le privilège
d'un orgueil supérieur aux démonstrations de la gloriole humaine,
tous les faiseurs de riens se sont mis en coquetterie vaniteuse avec
lui, et, dans cette immense cathédrale désaffectée, nous comptons
aujourd'hui plus de mille faux prêtres pour un dernier dévot.

La faute de cette inquiétante confusion incombe à nos mœurs,
dites libérales. Ce fut, en effet, un règlement de police révolution-
naire qui établit la distinction entre les artistes et les artisans.
Qu'étaient, autrefois, en réalité, ces admirables ouvriers plastiques du marbre et de la pierre; ces ciseleurs de bronze, ces prati-

ciens émérites
de l'émail, de
l'étain, du bois et
de la glaise; ces
céramistes mer-
veilleux, qui nous
ont laissé de si
incomparables spé-
cimens de leurs figu-
lines vernissées ou niel-
lées, de leurs grès ou
de leurs poteries à reliefs;
ces peintres de vitraux d'églises si chauds,
si harmonieux, si éblouissants, qu'ils semblent
envelopper la dévotion du mythe sacré? Qu'étaient
enfin ces étourdissants décorateurs de tous ordres,
qui prodiguaient les fresques, les plafonds et cette
mégalographie historique qui nous surprend encore
aujourd'hui par sa hardiesse et son ampleur? —
Qu'étaient tous ces maîtres, sinon des sortes d'artisans
dont nous retrouvons le plus souvent les professions
consignées dans les listes des métiers et des jurandes,
à côté des savetiers, des couvreurs et des faiseuses de
modes. — N'était-ce pas logique, et l'aristocratie de
l'Art doit-elle être considérée dans la profession en elle-
même ou dans la manière élevée de son exercice? Le
lithographe qui produit une estampe gaie et lumineuse, d'une
belle venue de crayon, est un artiste; le peintre qui expose une
toile médiocre et sans originalité personnelle n'est plus qu'un mauvais artisan, et, à vrai dire, combien n'en comptons-nous pas, à
l'heure présente, parmi les *peinturistes* hors concours, qui ne
seraient dignes peut-être que d'enluminer des enseignes, et com-

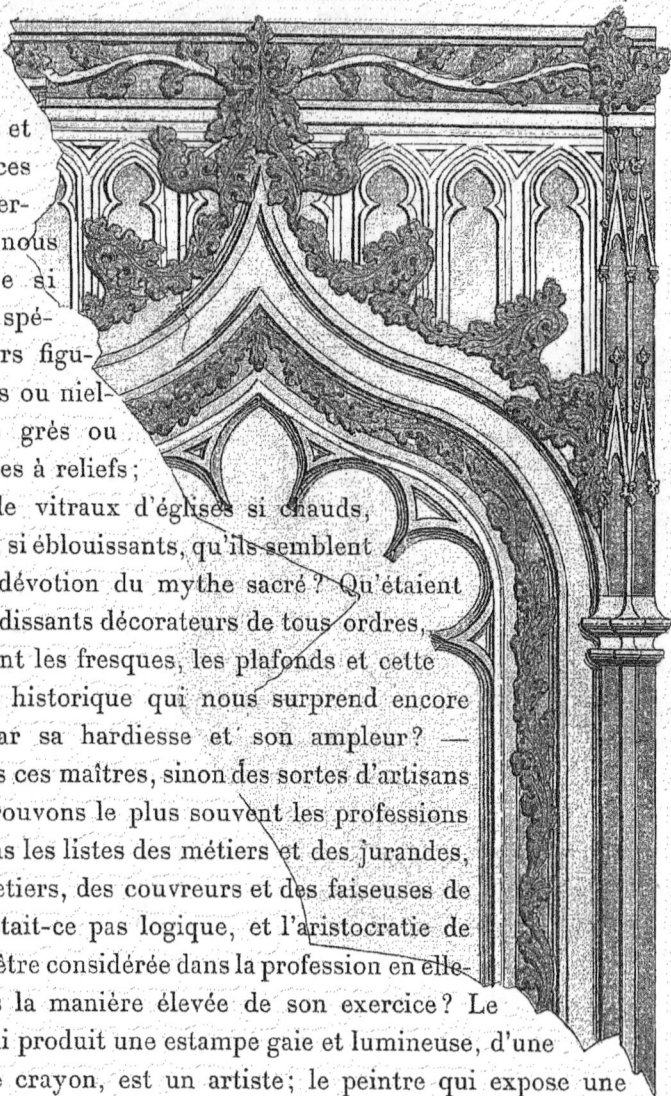

bien de sculpteurs *bustiers* que la corporation des stucateurs refuserait d'admettre à l'unanimité dans son sein !

L'artiste ne s'improvise pas, il se crée seul, par son goût, la puissance de son individualité, et surtout par son génie. En distinguant les Arts libéraux des autres professions, on a plus nui à l'art qu'on ne lui a servi; on ne s'est point aperçu qu'on ouvrait carrière à toutes les sottises vaniteuses et à toutes les outrecuidances. Le résultat ne s'est point fait attendre : chacun s'est anobli et nous voyons une série d'artistes capable de défrayer tout un almanach Bottin, depuis l'artiste capillaire, convaincu de sa suprématie, jusqu'à l'artiste dramatique qui, rejetant son ancien titre de comédien, a prétendu ne pas être confondu avec les pitres, queues-rouges, batteleurs de province et pierrots de la foire.

En déchaînant la vanité des arts, on a fait naître le produit d'art, la plus monstrueuse des choses, en ce sens qu'elle empoisonne et fausse le goût des populations, à moins qu'elle n'abaisse l'art au niveau du goût des consommateurs. — En faisant mine de protéger les arts, en créant des ministères spéciaux, des inspecteurs, toute la bureaucratie la plus coûteuse et la plus inutile, en entretenant les Écoles d'Athènes et les Écoles de Rome, d'où ne sont jamais sorties, sauf de trop rares exceptions, que d'incontestables nullités, l'idée gouvernementale, en France, a fait fausse route, car son but le plus noble, le

plus élevé, le plus grandement philosophique, devait être de *décourager* les Arts
comme on réprime la licence publique, et
au lieu des lamentables courses plates auxquelles nous assistons avec une mélancolie profonde,
nous eussions vu dans les casse-cous des steeple-chases désar-
çonner tous les mauvais cavaliers de Pégase, et mettre au rancart
tous les coursiers poussifs du grand char apollonien.

L'étude du Parthénon ou de l'Acropole, la recherche des
cinq Ordres, la représentation des styles grec et romain, fruits
de notre classicisme à outrance, ont plus desservi l'architectonique
qu'ils ne lui ont apporté de lumières imprévues, nouvelles et ori-
ginales; les visites attentives des musées d'Italie, d'Espagne et de
Hollande ont fait éclore des critiques judicieux, mais n'ont pas
créé autant de véritables peintres que l'observation de la nature
seule n'en a produits. — Les grands artistes se sont toujours constitués en dehors des gouvernements et des écoles patentées, ils ont
toujours tiré toute leur force d'eux-mêmes, de leur intuition et de
leur foi dans le *beau* qui se sent, mais ne se dicte pas. — Comment
démontrer que les beautés d'un ouvrage naissent quelquefois d'un
défaut et que, comme en mécanique, pour la production d'une
grande chose, ce que l'on perd en temps, on le gagne en force? —
L'étude de l'antiquité, utile en tant qu'éducation première, ne peut
être qu'illusoire dès que l'artiste est en possession de son *soi*, et,
selon un mot de Voltaire, ceux qui persistent à pratiquer les anciens
sont des enfants qui ne veulent parler jamais qu'à leur nourrice.

Il n'est question aujourd'hui que des écoles d'Art décoratif

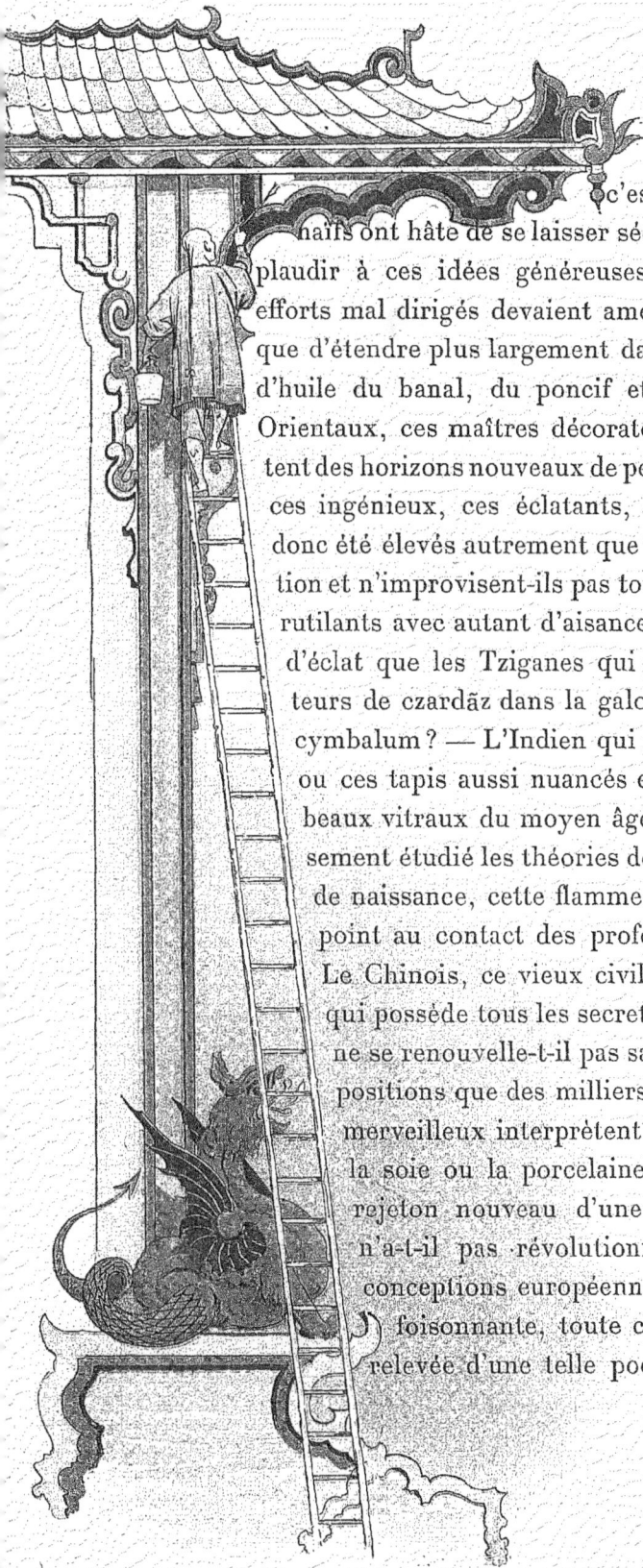

industriel et autres, c'est une marotte... et les naïfs ont hâte de se laisser séduire, d'admirer, d'applaudir à ces idées généreuses, comme si tous ces efforts mal dirigés devaient amener un autre résultat que d'étendre plus largement dans les masses la tache d'huile du banal, du poncif et du ressassé. — Les Orientaux, ces maîtres décorateurs, qui nous importent des horizons nouveaux de perspective et de coloris ; ces ingénieux, ces éclatants, ces complexes ont-ils donc été élevés autrement que dans une vague tradition et n'improvisent-ils pas tous leurs motifs les plus rutilants avec autant d'aisance, d'esprit de facture et d'éclat que les Tziganes qui se révèlent compositeurs de czardāz dans la galopade de l'archet ou du cymbalum ? — L'Indien qui nous envoie ces châles ou ces tapis aussi nuancés et savants que les plus beaux vitraux du moyen âge a-t-il donc minutieusement étudié les théories de son art et n'a-t-il pas, de naissance, cette flamme sacrée qui ne s'allume point au contact des professeurs de profession ? Le Chinois, ce vieux civilisé, si fin et si délicat, qui possède tous les secrets des vieilles maîtrises, ne se renouvelle-t-il pas sans cesse dans ses compositions que des milliers d'artisans inconnus et merveilleux interprètent sur la laque, l'ivoire, la soie ou la porcelaine ? Le Japonais, enfin, rejeton nouveau d'une race si prodigieuse, n'a-t-il pas révolutionné complètement nos conceptions européennes par une décoration foisonnante, toute calquée sur la nature et relevée d'une telle poésie et d'un charme si

...intense que nous aimons, nous, pauvres anémiés aux mœurs grises, nous enivrer l'œil de leurs couleurs chatoyantes, de leurs ors clairs comme des soleils, et de la magie de leurs rêves féeriques, brodés comme une orgie sur les tissus les plus exquis à la vue et au toucher. — Ces Japonais studieux, observateurs, doux ou tragiques illuminés, comparables à nos anciens moines, n'est-ce pas à leur seule imagination, à leur fakirisme visuel, à leur muette extase qu'ils sont redevables de cet art ensorcelant qui nous éblouit dans notre lente transformation comme un astre nouveau issant dans le brouillard du soir ?

Parlerai-je de la musique, qui, elle aussi, est patronnée et mise en loge, bien qu'elle soit restée en France un art si profondément antinational que des générations ont applaudi avec frénésie les *turlutu* du petit père Auber, dieu de l'Opéra-comique et Scribe de la cavatine, et que le pauvre Bizet est mort incompris comme un poète, presque aussi tristement que Gilbert ou Malfilâtre ? — La musique, on la cultive en chambre, dans des quatuors dont les exécutants se gargarisent seuls les oreilles et les sens, tandis que les invités ont des contractions du diaphragme et des somnolences alanguies dont ils voudraient bien envoiler leur ennui. Ici comme ailleurs, nul renouveau par le fait de l'intelligente protection des gouvernants, beaucoup d'érudition, trop d'érudition harmonique, et pas assez de mélodie, de cette mélodie qui traverse les âges dans la simplesse de l'allure attendrie ; pas assez surtout de cette fleur de naïveté émue qui conservera longtemps encore, comme la goutte d'ambre conserve le papillon, toutes ces inoubliables mélopées et chansons populaires qui forment le fond le plus riche de notre véritable histoire musicale.

« La musique, écrivait un jour Balzac, est une langue mille fois plus belle que celle des mots ; elle est au langage ce que la pensée est à la parole. Elle réveille les sensations et les idées sous leur forme même, là où chez nous naissent les idées et les sensations, mais en les faisant ce qu'elles sont chez chacun. Cette puissance sur notre intérieur est une des grandeurs de la musique, les autres arts imposent à l'esprit des créations définies ; la musique est infinie dans les siennes. — ... La musique est le seul art qui parle à la pensée par la pensée même, sans le secours de la parole, de la forme et des couleurs ; ... là où les autres arts cerclent nos pensées en les fixant sur une chose déterminée, la musique les déchaîne sur la nature entière qu'elle a le pouvoir de nous exprimer.

« Quand la musique — écrit encore d'autre part l'auteur de *Séraphita* — passe de la sensation à l'idée, elle ne peut avoir que des gens de génie pour auditeurs, car eux seuls ont la puissance de la développer ; il en arrive autant des femmes, quand chez elles l'amour prend des formes divines, les hommes ne les comprennent plus. »

Ce qui entrave principalement le libre essor de l'Art moderne, c'est l'étude constante du passé qui nous emmaillote encore si bien de ses langes que le prime-saut des novateurs disparaît et que la Muse ne bégaye plus d'adorables enfantillages. La science et l'érudition momifient tous les Arts, les dessèchent et les pédantisent. Nous sommes empêtrés dans le document, alors que l'idéal ne connaît point de dossiers documentaires ; s'il crée des reconstitutions, elles peuvent être fausses et contraires à la vérité historique, mais elles sont assurées d'être plus belles, plus grandes, plus lumineuses et aussi vivantes que les réalités disparues. — Peut-il m'importer qu'un archéologue à lunettes, cerveau sec et aride, me prouve que Gustave Flaubert se soit du *tout au tout* trompé dans sa reconstitution de la Carthage, de *Salammbô,* et dois-je me couvrir d'un cilice s'il m'est démontré, par un disciple de M. Maspero, que les descriptions fulgurantes du *Roman de la Momie* sont opposées à toute vraisemblance ? Flaubert et Gautier seront-ils de moins nobles artistes et leur réputation dans l'esprit des lettrés pourra-t-elle en subir la plus légère atteinte ? — Assurément non.

Le style, la couleur, la forme ont besoin d'avoir fait leurs *humanités*, rien de plus ; la seule étude qui doit passionner un fervent est celle de son temps, de ses idées et de son milieu, et, fît-il de l'histoire, de l'archéologie ou de la philologie, l'artiste sincèrement épris de la forme ne s'efforcera pas de se soustraire aux influences actuelles qui, à son insu, auront un rôle prépondérant dans son œuvre. — En peinture aussi bien qu'en sculpture, il est curieux de remarquer, par exemple, que l'esthétique du Nu se transforme à chaque génération nou-

velle, selon les conditions de sensation de la rétine et par je ne sais
quelle suggestion de l'air ambiant qu'il est difficile d'analyser.
Ceux qui prétendent qu'il n'est qu'un seul *nu* vrai et superhumain.
qui traverse les siècles sans totalement varier selon l'interprétation.
commettent une lourde hérésie, et il serait bien intéressant et
curieux d'entreprendre l'Histoire de la Femme dans l'Art, et de
montrer tour à tour les différentes conceptions du nu dans la peinture et la sculpture, depuis les primitifs jusqu'à l'heure actuelle.

On y verrait qu'à chaque tiers de siècle, il s'est produit ce
phénomène singulier d'une rénovation complète dans la compréhension du nu, même académique, essentiellement soumis à une
mode très saisissable, et, pour ne prendre que ce siècle qui expire.
comparez le froid nu
de David avec le nu
des derniers temps
du xviiie siècle, si
endiablé, si fri-
pon, si ponctué
de rieuses fos-
settes. Aux nu-
dités de David,
opposez la nudité
roman-
tique,

si alanguie,
si cambrée, si accentuée
dans l'adoration des cous un peu
longs, des nuques radieuses et des

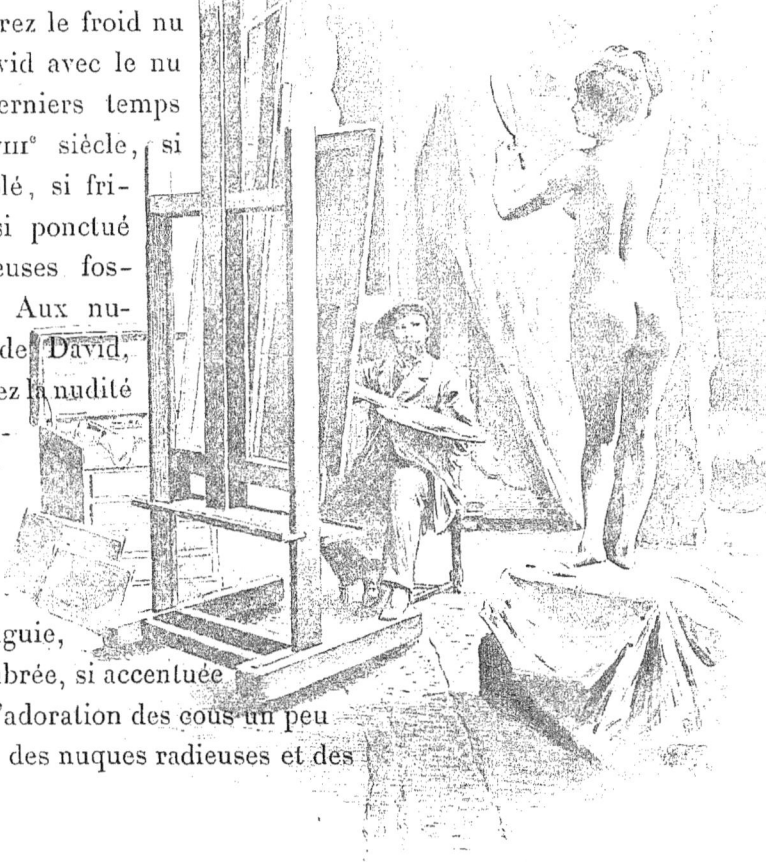

épaules éblouissantes ; arrivez au nu moderne, à ce nu canaille, à ces chairs du vice, alambiquées, malsaines dans la provocation ; grêles parfois à l'excès, sentant les passions de vieillards. — Refaites cette histoire bizarre du nu dans la peinture et la statuaire, et concluez.

L'art échappe à toute direction ; il suit sa voie et subit inexorablement son temps, il se modèle aux mœurs qu'il abaisse ou qu'il relève selon la valeur de ses adeptes ; mais il est destiné à sombrer dans la décadence d'un peuple qui ne lui oppose ni barrières, ni obstacles qui le favorise à outrance dans sa médiocrité et ne contrarie point ses débuts, le faisant mentir à sa devise : *Ad supera per aspera*.

Dans les lettres, même confusion ; la nuée des littérateurs de talent en arrive à obscurcir le soleil du génie ; la production haletante suit un procédé de facture qui fait disparaître de plus en plus la personnalité ; les reines-abeilles des succès romanciers vont butiner toute la flore de la vie sociale pour nous servir souvent de vilains gâteaux de miel dont la cire nous reste aux dents. — Le journalisme, enfin, en modifiant de fond en comble nos mœurs littéraires, a introduit dans la République des lettres, si incroyablement peuplée aujourd'hui, les êtres les plus ignorants et les moins au fait des premières notions de la forme et du style, si bien que peu

à peu, un chacun s'est cru apte au dur métier des belles-lettres. — Après les déclassés, les *fils de Giboyer* aux abois, les hommes et les femmes du monde se sont mis de la partie, les éditeurs ont ouvert boutique à tous les coins de rue, et l'infortuné public liseur et payant s'est trouvé ahuri, désorienté, inappétent au milieu de ce pays devenu une halle centrale de littérature à tous prix.

L'élite des vrais lettrés qui, heureusement, est encore compacte et compte tous ceux qui ont senti de bonne heure qu'ils ne pouvaient ni résister à leur goût dominant, ni vaincre leur destinée, les chercheurs, les enfiévrés de la phrase se sont enfuis dans leur thébaïde pour ne point être découragés par les banalités du jour qui confondent pêle-mêle le mérite, le succès et la réputation; mais les plus vaillants ont été atteints par un vague mercantilisme qui leur fait nombrer le taux des éditions et calculer jalousement le gain des plus médiocres confrères.

Que sert cependant d'être pessimiste, il nous faut consoler en utilitaire avec l'auteur de *Candide,* qui pensait qu'un roman médiocre est, parmi les livres, ce qu'est dans le monde un sot qui veut avoir de l'imagination; on s'en moque, mais on le souffre. Le roman fait vivre et l'auteur qui l'a composé, et l'aquafortiste qui l'a illustré, et le libraire qui le débite, et le fondeur et l'imprimeur, et le papetier et le relieur, et le colporteur et le tailledoucier, et le marchand de mauvais vin à qui tous ceux-là portent leur argent. L'ouvrage amuse encore, deux ou trois heures, quelques femmes avec lesquelles il faut de la nouveauté en livres comme en tout le reste. Ainsi, tout méprisable qu'il est, ce roman aura produit deux choses importantes, du profit et du plaisir.

Ce qui donne aux œuvres de ce temps une allure si légère et périssable, c'est la fièvre de la vie hâtive et surmenée, la course à l'actualité, la recherche à tout prix d'une heure de vogue et aussi la courtisanerie de la mode. Nous n'associons plus le temps à nos labeurs, et le temps ne doit point respecter ce qui est fait sans son concours. — De là vient également que les arts d'interprétation se meurent au profit du procédé exact et mécanique; la gravure sur bois est agonisante et l'eau-forte, qui se traîne dans la routine des tailles et des contre-tailles, sans oser revenir aux vieux principes qui ont fait sa gloire à la fin du xviiiᵉ siècle et au début de celui-ci, l'eau-forte, cet art, si français dans le charme de son exécution et la prestesse de sa facture, sera peu à peu englouti par les moyens de reproduction solaire, dont chaque jour on peut constater les énormes progrès de perfection et la marche offensive contre les burinistes et pointe-séchistes assez naïfs et peu ingénieux pour ne point se défendre en reprenant ces inimitables moyens de la manière noire, des aquatintes, des vernis mous, du berceau, du repérage en couleurs et autres vieilles ficelles merveilleuses en usage depuis Abraham Bosse et niaisement abandonnées par les graveurs modernes, qui, pour la plupart, ne sont que de plats et méticuleux ouvriers.

Nous pensons tous, avec une gloriole innée et qui est dans notre tempérament, que la France est la première nation artistique du globe, et nous voyons trop complaisamment ce que nous

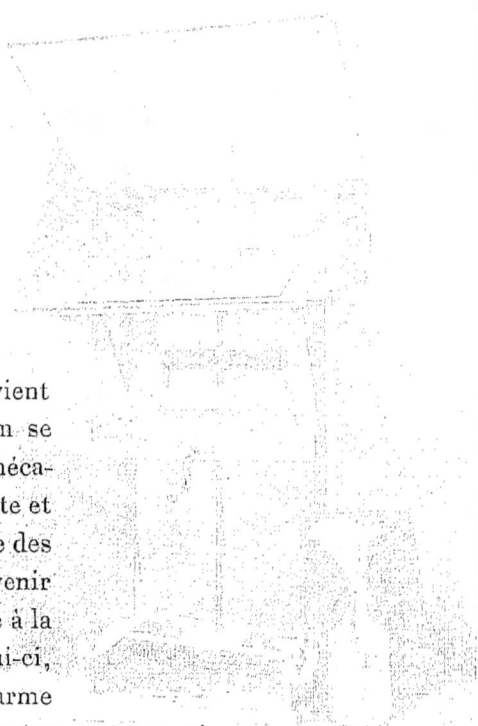

faisons et assez peu attentivement ce qui se fait au dehors, sans
quoi il nous serait loisible de juger avec quelle habileté nos voisins
profitent de nos qualités et tournent nos défauts à l'avantage de
leurs études laborieuses et constantes. — Ce qui nous donnera
longtemps, il le faut espérer, un vernis de haute suprématie, c'est
moins la réalité de notre puissance d'artiste que la grâce de notre
Goût qui s'épand partout jusque dans nos défaillances. Ce Goût, qui
comprend la délicatesse, le tact et l'harmonie de nos productions
d'art, et qui règne encore dans nos manières, dans notre langage et
dans nos modes, efforçons-nous de le sauvegarder en l'affinant par
l'étude et l'observation des œuvres étrangères, et cela, sans dédain
ni idées préconçues, mais aussi sans engouement. Nous avons été
incontestablement, par notre grande tradition, des éducateurs
en tout genre, regardons nos élèves qui peuplent aujourd'hui les
quatre coins du Monde et profitent ingénieusement de nos leçons.

Quoi qu'il en soit, je ne suis pas incurieux de savoir ce que pourra
être l'état des Arts à la fin du xxᵉ siècle. J'espère que la vanité artistique y sera moins follement outrecuidante et que, dans ce pays as-
sagi, tous les artistes y seront redevenus franchement ce qu'ils étaient
jadis et n'auraient jamais dû cesser d'être, des artisans patentés.

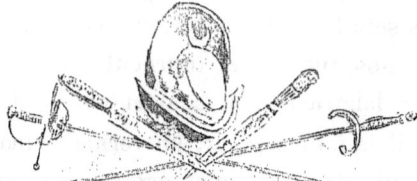

L'INTÉRIEUR

L'INTÉRIEUR

Toute maison bien ordonnée est l'image
de l'âme du maître.

(J.-J. ROUSSEAU.)

IL est à remarquer que les peuples de race latine ne se préoc-
cupent guère, dans la généralité, de la décoration intérieure
et du confortable de leurs logis; ils témoignent vis-à-vis du
lieu qui les abrite d'une assez douce indifférence, et préfèrent les
joies un peu bruyantes de la vie extérieure, les sensations passagères des fréquentations publiques, les réunions de cercles ou de
cafés au bien-être du *chez-soi*. Les peuples du Nord, et en particulier les Anglais, comprennent mieux les charmes infinis de
l'ameublement et le capitonnage du *home;* ils savent, par une compréhension très affinée des nécessités du nid, unir la recherche du
confort et des délices de la vie intime au goût du luxe et de la
magnificence. Sur dix mille de nos compatriotes heureusement
doués par la fortune, on aurait peine à rencontrer cinquante délicats qui aient l'entente de leur intérieur et l'amour profond du
foyer; tout le reste se loge dans des sortes de campements, froids

nus, à peine meublés du nécessaire, déplorablement déshérités de cet adorable superflu qui non seulement est l'élégance de la vie et la moitié du commerce des États, mais encore qui égaye et réchauffe l'œil, et emparadise si bien la solitude que le logis devient un sanctuaire, où l'on se recueille, où l'on se calfeutre et se pelotonne presque frileusement, avec une intense griserie de bonheur, au retour des sottises glaciales du dehors.

La bourgeoisie régnante en France est possédée au plus haut degré du goût de l'horrible, du banal et du convenu; elle a des attentions attendries pour les plus hideuses productions de notre industrie nationale; elle protége de son concours et de sa bourse la création du monstrueux et de l'ignoble en matière de mobilier; elle est atteinte de la boulimie du laid et s'inquiète avant toute chose des qualités d'inusable et de bon teint des infâmes choses dont elle fait emplette. Élevée dans le culte de l'acajou, dans l'amour immodéré du palissandre, dans l'adoration du noyer et du thuya vernis, sympathique avant tout au placage de l'ébénisterie moderne, elle conçoit, à l'heure des aménagements, des intérieurs d'une platitude épouvantable et d'une inélégance repoussante, où tout ce que l'imagination humaine a pu inventer d'archivilain, de mal gracieux, de maigre, de gauche et de grotesque se trouve assemblé, pour la plus grande béatitude des bourgeois amis.

Toute petite bourgeoise française nubile est la proie de deux rêves, deux ambitions, deux cauchemars qu'elle parvient toujours à réaliser : l'informe boîte à supplice musical qu'on nomme piano d'Érard,

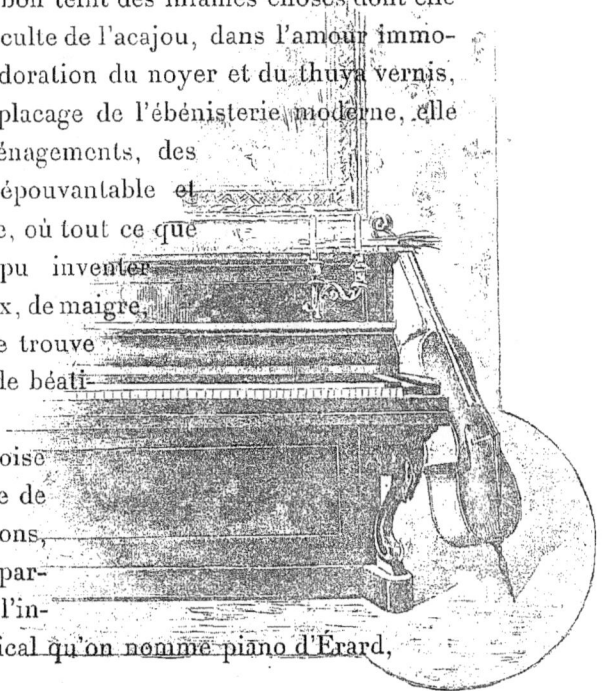

et l'armoire à glace à fronton, à rinceaux et à porte criarde, dont la fabrication est aussi innombrable que les grains de sable de la mer. C'est généralement avec un tel idéal d'ameublement qu'elle entre en ménage. — Le reste est à l'avenant.

Allez faire entendre à ces cerveaux racornis par la passion du commun, du poncif et du hideux ce que peut être l'harmonie d'une demeure vivante, hospitalière à l'âme non moins qu'aux yeux, accueillante et gaie, toute tapissée de livres, amis invariables et toujours prêts à l'effusion, échauffée par la fine coloration des étoffes, des tapis-

series, des céra-
miques, éclairée
par de beaux vi-
traux clairs qui
distribuent limpidement
le jour sans l'arrêter sottement
par l'épaisseur des mousselines
ou des guipures; donnez à ces
têtes alourdies par l'accoutumance du convenu et du rabattu
l'idée des *halls* spacieux comme
des ateliers d'artistes, où les
meubles de tous styles parlent en
faveur du beau à l'écho des souvenirs; efforcez-vous de leur in-
culquer les théories les plus
simples de la forme, les lois les
plus normales de l'harmonie des
tons, et il vous semblera parler à
des huis de pénitenciers. — Le
bourgeois français ne sait pas ce qu'est le *chez-soi;* à ses yeux
obtus cela prend figure sous forme d'un bon fauteuil crapaud
bien capitonné où il s'étendra près du feu, les pieds en pantoufles,
le torse recouvert d'une robe de chambre de molleton, ou bien
encore il évoquera la soirée sous la suspension de la salle à manger, à l'heure du café et de la causette, tout regaillardi par un bon
repas qui lui fera dire : « Si nous restions ici?... n'allons pas au
salon! » — Le salon! quel résumé de banalités, de contraintes et de
froideurs, dans ces sièges alignés auprès d'un canapé de velours
recouvert d'une housse de toile, avec le guéridon de milieu chargé
d'albums, le tout posé sur d'indescriptibles carpettes à fleurs. Ce

salon, la plus belle pièce du logis, avec ses murs tapissés
de papier gris à motifs d'or, ses boiseries blanches, ses
corniches en *pâtisseries*, c'est le sanctuaire respecté ; on
en parle avec emphase, mais on craint d'y vivre et d'y
porter l'intimité ; on le conserve, on l'époussette comme
une momie, on y passe le soir, la lumière à la main, avec
un frisson glacial dans le dos, comme en un caveau, car il
distille l'odeur de l'humide et de l'inhabité. Le bourgeois
français a pour son salon autant de considération et de
craintes vagues que pour sa redingote de Sedan des grands
jours ; l'un et l'autre le gênent aux entournures et sont
faits pour la représentation et la réception ; on les brosse,
on les lave, on les passe au vétyver, mais on a garde de
s'en servir de façon journalière : *c'est pour le monde.*

Pour le monde, tout est là dans la disposition mobilière de la généralité de nos logis ; tout le clinquant, tout
le faux luxe, toute l'apparence de confortable est pour la
surface. C'est pour le monde qu'on fait étalage
de ces hideux bronzes dorés, pendules, can-
délabres et le reste, sur la cheminée de
marbre, et qu'on dispose près de la foyère
de cuivre ces pelles et pincettes prétentieuses ;
c'est pour le monde qu'on ouvre ces livres sur
une table, qu'on relègue le perroquet familier
à l'antichambre, qu'on jette ces coussins sur
des chaises, qu'on orne de plantes vertes ces

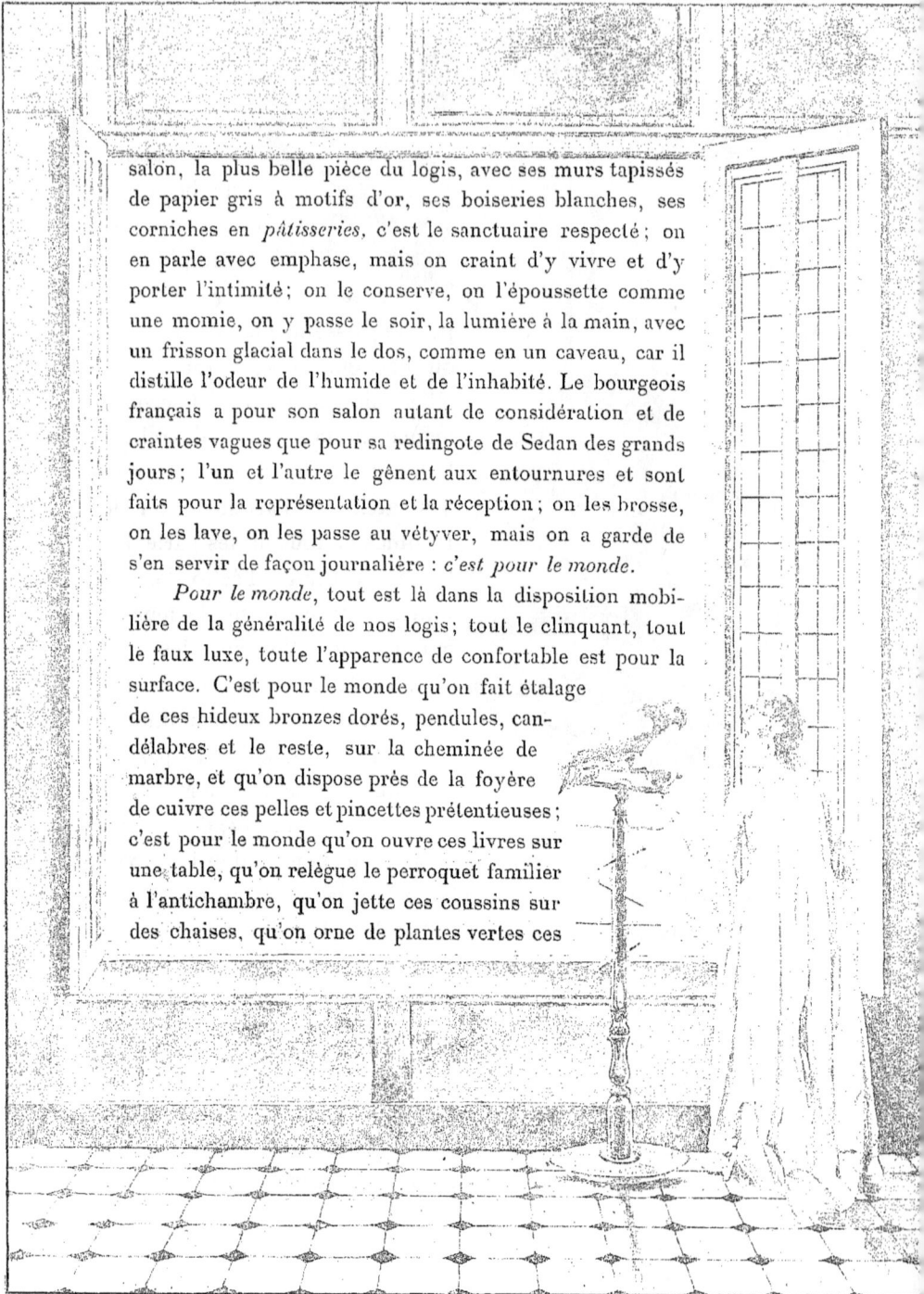

vasques de fleurs et ces jardinières à fond de zinc, c'est encore
pour le monde qu'on donne une apparence de vie à ce salon, soir
et matin si désert, et qu'on s'ingénie à placer ces poufs vis-à-vis ;
à sortir les petits travaux de la boîte à ouvrage, à relever d'une
faveur les rideaux de croisées et à pomponner les menus riens de
la pièce. — Mais allez, je vous prie, plus au fond, voyez la chambre
vieillotte de Madame, inventoriez la chambre misérable de Monsieur, jetez un coup d'œil sur l'insuffisance de ces cabinets de toilette, regardez ce pauvre bureau de travail relégué dans
un trou noir, partout jugez de cette pauvreté décorative,
de cette installation primitive, de ce mauvais goût nor-
mal, et demandez-vous si ce peuple français, si mal logé
dans ses provinces, dans ses campagnes et même dans sa
métropole, n'est pas le peuple le plus facile à vivre, le
plus accoutumé à l'inconfort, le plus susceptible de sup-
porter la privation du superflu, pourvu que vous lui lais-
siez sa marotte, sa maladie d'origine, c'est-à-dire le besoin
de briller, de parader, de se décorer en extérieur avec toute la gloriole et la vanité
qui entrent dans son tempérament
où le paraître — partout et toujours
— prime le désir d'être.

Je parle ici de la grande
généralité bourgeoise qui
forme la masse de la
nation, très rétrograde
en réalité à toute idée
d'art, de progrès et de
bien-être, car elle de-
meure hypnotisée par des considérations d'économie à outrance

et l'idée innée du cumul, sou à sou, hante toutes les cervelles. Le Français est le plus riche des peuples, car c'est de tous celui qui a le moins d'égoïsme individuel ; il remet au lendemain le soin de sa propre personne et il désapprend le goût de la dépense en se fakirisant dans la volupté de l'épargne. — Pour l'Anglais, tout homme qui ne met point son gain en circulation immédiate, de quelque manière que ce soit, est un mauvais citoyen, en ce sens qu'il ne concourt pas directement à la prospérité de la nation. Toute la différence de ce bien-être intime, si opposé des deux côtés de la Manche, provient d'un idéal d'économie politique aussi diversement interprété ici et là. — Pour ce qui tient à mon jugement sur ce point, je ne saurais, tout en admirant mes compatriotes et consanguins, côté du cœur, ne pas donner toutes mes sympathies aux jouissances anglaises du *home,* car j'estime que dans l'intimité seule de l'existence domestique chaudement comprise, on peut donner à la vie tout le développement de sa caressante saveur, de même qu'en échauffant un parfum lentement en un lieu clos, on arrive à développer toute la quintessence et la griserie de son arome.

Ce goût profond et éclairé de l'habitation moderne est si peu développé en France que nous voyons chez les plus gros amateurs, collectionneurs et détenteurs d'œuvres d'art, une incroyable pauvreté décorative, une entente lamentable d'arrangement, une pré-

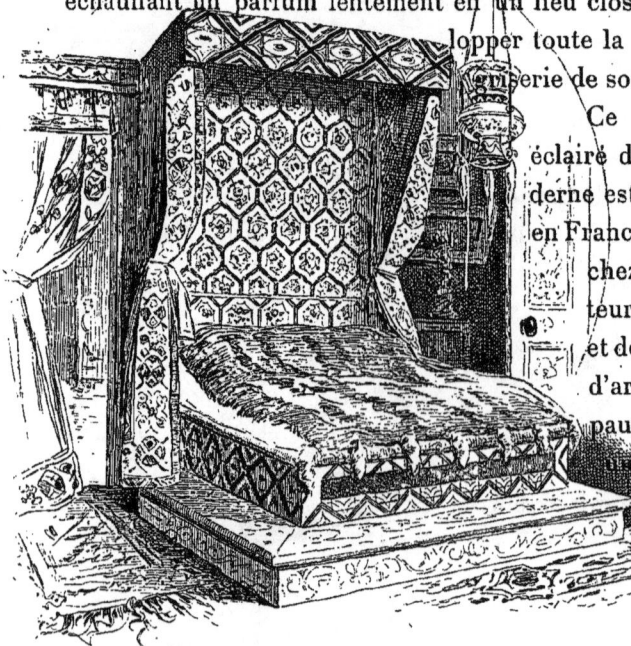

6

tention à l'éclat qui sent lourdement la richesse, mais qui ne
révèle aucun sens d'ingéniosité artistique et pas la plus mince
idée personnelle. Chez tels et tels amateurs ou bibliophiles, qui
se piquent d'avoir réuni dans leurs galeries ou dans leur cabinet
les plus belles toiles, les meubles les plus purs, les faïences
inappréciables, les étoffes royales ou les livres des plus illustres
provenances, nous admirons bien toutes ces raretés, nous les
envions même à leurs possesseurs; mais nous sentons je ne sais
quel sentiment de gêne, de contrainte, de tristesse, qui nous avertit
que ces merveilles sont piteusement dépaysées chez des parvenus
qui n'ont même point su leur donner un cadre, un décor, un entourage dignes d'elles. — C'est que dans la ploutocratie actuelle, tous
les Turcarets, protecteurs d'art, ne sont que des négociants; ils font
valoir leurs trouvailles avec ostentation et les étiquettent toutes
d'un prix d'achat, laissant deviner que l'objet vaut cent fois davantage; ils nous promènent à travers leurs raretés avec des discours
chrématologiques extraordinaires, et leurs manières sont celles des
vieux marchands d'antiquités, fiers d'un gain assuré et prêts à tous
les échanges avantageux. Ces timocrates font sentir combien ils
sont argenteux, thésauriseurs et ventrus comme sacs d'écus; mais
ils mettent sous les yeux des clairvoyants et des philosophes la
froideur de leur inopulence réelle et de leur impécuniosité morale.
Laissez-vous aller à regarder ces chambres où tant de choses
uniques sont venues tour à tour s'entasser; est-
il rien de moins somptueux, de plus laid,
de plus inconfortable? — Ne voyez-vous
pas que vous marchez sur les tapis les plus
cossus, mais aussi les plus répulsifs à l'œil?
Ces murs, ces plafonds, ces corniches, ces
boiseries, ne sont-ils pas tendus, décorés,
peints dans une gamme vulgaire, par les

plus grossiers entrepreneurs de bâtisses modernes? — Cette cheminée ne glace-t-elle pas plus qu'elle n'échauffe par la nudité de
ses porcelaines et de ses marbres blancs?... et ces fenêtres assom-
bries par des rideaux au mètre?... et ces portières? et ces lampes
du faubourg du Temple? et ces glaces aux dorures criardes? et ces
appareils à gaz qui sentent l'administration? et ces queues de
billard? et cette absence de fleurs et de vie? N'est-ce pas à faire
peur et sommes-nous réellement chez un pécunieux et épicurien
collectionneur ou dans un simple garde-meuble d'objets rares?

Le goût ne s'achète pas; il naît du sentiment du beau et de
l'harmonie des couleurs. Une mansarde d'artiste ou de grisette,
proprement et gaiement tendue de frais papier, relevée de bibelots
de deux sous, aux colorations seyantes, piquée de notes chaudes,
est souvent mille fois plus conforme à l'esthétique mobilière d'un
homme d'art que l'entrepôt de richesses des gros amateurs sans
esprit personnel d'ordonnance et de recherche décorative. — Le
goût est ce qu'il y a de plus rare, de plus insaisissable, de plus
individuel; il a son langage, son expression, sa physionomie très
particulière; il révèle un caractère, une tendance, un état d'âme
spécial, et concourt à la constitution psychologique d'un être.
En pénétrant dans l'habitation d'un homme à tempérament très
marqué, c'est-à-dire assez autoritaire dans ses idées pour se
soustraire aux influences de ses proches, en tant que conseils
et que goût, vous reconnaîtrez aussitôt les traits dominants de
son esprit, de son humeur et de ses mœurs; il se dégagera de
cet intérieur décoré, selon les vues et le tact d'un seul maître,
l'expression véritable de son entité; vous le retrouverez partout jusque dans les moindres bibelots, dans la disposition
des tableaux, la variété de ses meubles, les préférences de
ses couleurs; vous devinerez sa nature physique, son âge,
ses passions, tant il semble que le logis, ce nid de la

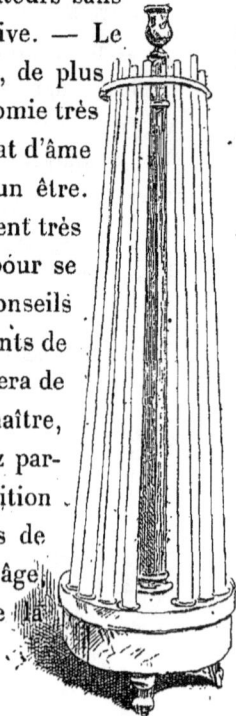

pensée vagabonde, soit l'interprète de l'âme et le moule de la personnalité. Dans ce milieu où toute la vie d'un homme se dépense en sensations concentrées, il n'est rien qui ne doive refléter l'état des sentiments et les conditions les plus secrètes de l'existence ; à un observateur, à un intuitif comme Balzac, la vue d'une habitation lentement aménagée révélait toute une biographie, toute une théorie d'individu, toute une œuvre physio-psychologique. C'est que l'être qui vit par la pensée dans le bonheur de la retraite vit énormément par les choses qui sont le reflet de son *soi;* il capitonne sa cage de couleurs moelleuses et assourdies, il veut jouir de tout ce qu'il possède, et, de même que Fontenelle, il n'aime pas les choses qui veulent trop être respectées, tels que livres trop luxueux, verreries trop fines, faïences de vitrines et le reste. Par l'art de son entourage, il sait l'art d'animer son repos et de remettre son œil en gaieté au contact des belles œuvres qu'il a su acquérir ; il ajoute, il ajoute toujours quelque chose à ce coin douillet où il éveille ses rêves, mais sans hâte ni précipitation ; il comprend l'ivresse de la possession à sa manière et tient à être longtemps amoureux d'un objet convoité, à le voir et revoir souvent au passage chez l'antiquaire, avant de le faire sien et d'en orner son *home* avec des attentions infinies.

L'homme de goût qui consacre ses loisirs à l'ameublement de son local tient à tout exécuter par lui-même. A part le gros œuvre de l'installation première, il dédaignera le concours du tapissier, dont les formules banales, l'air d'importance et la prétentieuse sottise ne pourraient que l'énerver à l'extrême. Seul, ou en compagnie d'un valet de chambre adroit, il combinera à loisir les draperies des portières, le retroussis des étoffes, le groupement des panoplies, l'alternance des potiches, des statuettes, des bustes et des figurines sur les consoles et les corniches des meubles ; il saura à l'occasion se servir du marteau, de la scie et de tous les outils nécessaires, car il aura appris à ses dépens qu'il est plus long d'ordonner et de se faire comprendre que d'agir en personne. Chaque jour, il passera la revue de son logis, rêvant de nouveaux embellissements, de remaniements, d'améliorations; tel coin lui semblera vide, tel autre disparate; ici, il verra un trou à combler, là un éclat à éteindre; il aura horreur de la note tapageuse, de la couleur crue, des tons trop criards et des choses trop neuves et non revêtues de la patine du temps. — C'est encore lui qui étudiera l'encadrement de ses tableaux, l'entourage de ses sous-verres, la décoration des dessus de portes, l'ornementation des cheminées, l'envoilement des dorures de ses glaces, et qui prêtera son attention à dissimuler les clous à crochets sous des riens, tels que des masques minuscules, des plaques anciennes, des médaillons. — Pour qui aime la vie close entre quatre murs, l'intérieur est un monde dont on se plaît à renouveler souvent la perspective, et, avec la facilité d'achat dans le bric-à-brac des grandes villes, il est loisible de se créer la plus personnelle, la plus aimable, la plus riante, la plus douce des retraites.

Si l'ami du *chez soi* est « moderne » dans le sens d'argot artistique du mot, et s'il a l'entente et l'adoration des merveilles de l'extrême Orient; s'il fait partie de la génération montante et que son œil se soit délicatement apprivoisé avec le goût exquis de la Chine, de l'Inde et du Japon; s'il préfère un fin *Kakémono* ancien à tout autre tableau médiocre, et la vieille porcelaine chinoise à toute la faïencerie européenne; si enfin, il se complaît, jusqu'à l'ivresse, au toucher, au maniement de ces tissus de l'Inde si nuageux, si

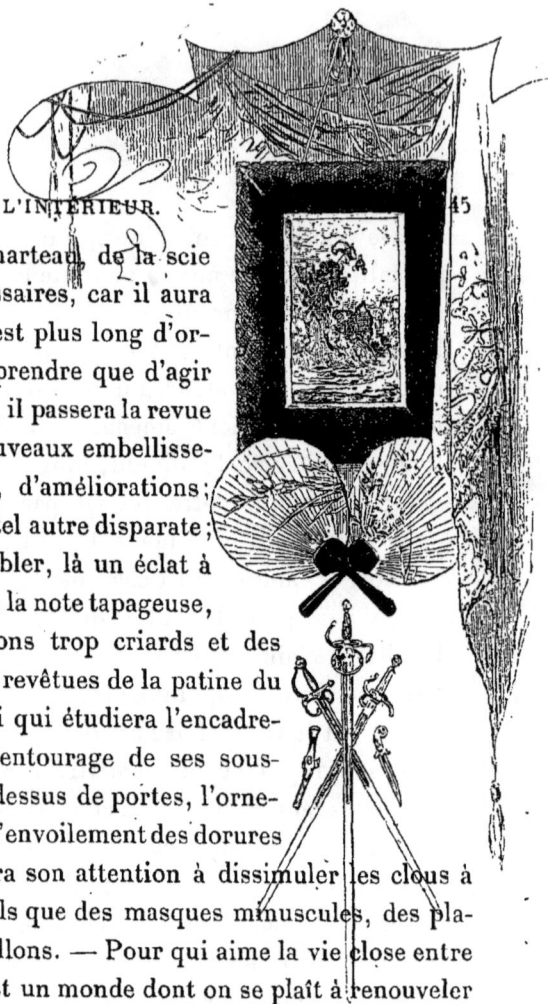

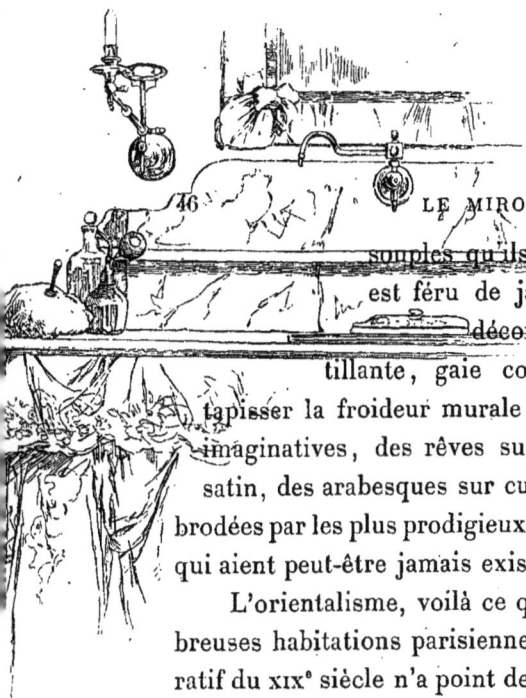

souples qu'ils semblent fondre dans la main ; s'il
est féru de japonisme, il pourra concevoir une
décoration intérieure étourdissante, scintillante, gaie comme l'art des peuples naïfs, et
tapisser la froideur murale de son habitation avec des féeries
imaginatives, des rêves sur soie, des paradoxes inventifs sur
satin, des arabesques sur cuirs, des fantaisies et fantasmagories
brodées par les plus prodigieux artistes et les plus ingénieux artisans
qui aient peut-être jamais existé depuis que le monde est monde.

L'orientalisme, voilà ce qui crée l'originalité exquise de nom-
breuses habitations parisiennes, et lorsqu'on songe que l'art décoratif du xixᵉ siècle n'a point de style proprement dit, on se prend à
réfléchir que le véritable style de ce temps pourrait bien être dans
ce simple groupement de styles si opposés, qui fait qu'en certaines
demeures élégantes, on rencontre, dans la confusion la plus heureuse, tout un fouillis d'art cosmopolite qui met en communion le
beau des deux pôles. Voyez en telle habitation parisienne luxueuse,
faite comme le nid, bribe à bribe, par une nature fémininement
douée, l'amoncellement de meubles qui devraient hurler de se trouver
réunis et qui, cependant, se groupent et fusionnent dans un ensemble
harmonieux et chatoyant à la vue. Nous sommes séduits tout de
suite et l'observation nous permet d'analyser le renversement de
toute unité ; auprès de ce bahut moyen âge apparaît un cabinet de
la renaissance italienne, surmonté d'armures orientales mariées à
des masques grimaçants du Japon ; plus loin, jouxte ce meuble des
Flandres, se montre une console espagnole du xviᵉ siècle, appuyée
contre une portière en point de Hongrie ; à terre, un tapis persan ;
au plafond, une décoration d'étoffes japonaises à dragons d'or ; la
cheminée encadrée de faïences de Delf, les fenêtres ornées de vieux
vitraux de Nuremberg ; puis, à droite, à gauche, des magots de
Chine, des étoffes du xviiiᵉ siècle français, des velours de Gênes,

des cuirs vénitiens, des fauteuils de Brustolone, des flambeaux de Gouttière ; cela en complète et heureuse harmonie, formant un tout très chaud, très plaisant, où les plantes et les fleurs parisiennes apportent l'éclat vivant de leurs verdures et de leurs couleurs. C'est fou, mais d'une folie communicative qui ne nous permet pas de protester. C'est bazar, c'est boutique d'antiquaire si l'on veut ; mais cela est conforme à notre esthétique actuelle qui est mosaïquée des notions les plus variées et des admirations les plus superficielles.

Il y aurait, en dehors des travaux faits par les gens de métier, par les critiques d'art académique et par tous les inféodés des boutiques ministérielles, un bien passionnant ouvrage à écrire sur l'habitation moderne dans son détail et sa généralité, un livre prime-sautier et hétérodoxe, mais nourri de vérités et de fantaisies. J'aimerais à voir un esprit indépendant s'éprendre de cette idée et la traiter par-dessus l'opinion de tous les pions qui prétendent régenter l'ameublement moderne avec le gracieux concours des gros bonnets bourgeois qui président à l'administration des vilains arts contemporains. Par malheur, il n'y a que les Bridoisons de la *foorme* mobilière, les professeurs d'art industriel, les *pompiers* du style pédant et les bonnetiers de la phrase bourgeoise qui se mettent en frais pour nous donner d'indigestes ouvrages sur cette question qui ne relève que du goût et qui brise impitoyablement toutes les règles et toutes les lignes des logiciens amis de *l'Épure*. Ce n'est pas à des architectes, à des usiniers à prétentions d'art, à des éducateurs patentés de l'École dite des Beaux-Arts qu'il

conviendrait d'écrire un tel livre sur les moyens originaux d'affis-toler et adorner sa demeure. — Un écrivain intimiste, léger, coloré et supérieurement affiné dans le dilettantisme des tons, des drape-ries, y suffirait au delà, car il pourrait apporter dans le *passementé* de son style, la grâce de sa phrase, le séduisant de sa biendisance, une originalité véritable de conception pour tout ce qui concourt à relever le goût de l'installation actuelle et à échauffer la froideur des combinaisons de la tapisserie et de l'ébénisterie courante.

Il ferait œuvre utile, car, loin d'effrayer par des allures dog-matiques et prétentieuses, il séduirait par l'imagination des choses entrevues, — il n'imposerait pas de cadres immuables, mais il laisserait doucement percevoir son goût que le lecteur sans y songer s'assimilerait peu à peu sans résistance. Il ferait surtout comprendre cette théorie que le beau n'est point toujours de con-cert avec le rare et le ruineux et que les plus modestes étoffes, les sièges les plus primitifs, les bahuts les plus simples, les tentures les plus modestes peuvent, par le groupement qu'on leur donne et les menus riens dont on les décore, devenir des objets uniques, exquis, étonnants et offrir à l'œil l'ensemble le plus heureux.

Attendons ce livre type.

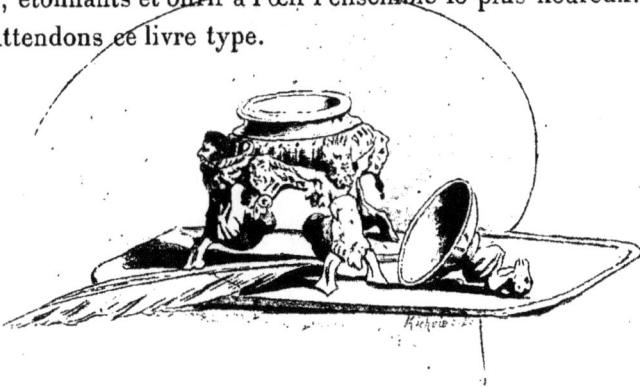

L'Etude

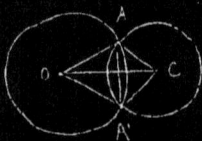

L'ÉTUDE

DE PRÉZEL, dans son *Dictionnaire iconologique,* définit ainsi la figure allégorique de l'Étude : « C'est un jeune homme pâle, dont la parure est négligée et qui lit ou médite à la lueur d'une lampe. On lui met un bandeau sur la bouche, pour nous faire entendre que l'homme studieux est ami du silence et de la solitude. Le coq, symbole de la vigilance, est son attribut ordinaire. » — Je ne sais trop d'après quel tableau, bas-relief ou estampe, de Prézel a pu faire cette description assez ingénieuse ; je la suppose tout imaginative, mais l'étude a inspiré tant d'allégories que cette dernière, sous son allure essentiellement romantique, mérite d'être mentionnée.

Le XVIII° siècle, plus particulièrement, a tenu à symboliser l'Étude sous mille expressions diverses, et l'art des vignettistes semble s'y être épuisé dans les frontispices, les têtes de pages et les culs-de-lampe de tant d'ouvrages gracieux qui rendaient aimable l'enveloppe même des lectures arides. Le plus souvent, les artistes du siècle dernier ont personnifié l'Étude sous les traits d'une femme

à l'air pensif, le regard dans des nues où apparaissent des amours
porteurs de tous les instruments mathématiques et scientifiques,
alors inventés, tandis qu'au premier plan, les livres s'écroulent en
désordre, comme las d'être consultés. Le Temps, avec sa barbe de
fleuve, y semble arrêté dans sa course et sa faux s'enguirlande de
fleurs que les charmes de l'Étude ont fait soudain éclore sur le fer
meurtrier. Vanloo, Boucher, Eisen, Gravelot, Monnet, Marillier,
Dubourg ont tour à tour traité ce sujet, soit en des grisailles de
dessus de porte, soit en des compositions que les burinistes du
temps ont popularisées. Greuze lui-même a symbolisé l'Étude en
une peinture qui fit partie de la galerie de San-Donato et sous la
figure d'un jeune enfant à l'air soucieux, qui, le compas d'une main,
semble chercher la solution d'un problème.

C'est que si l'étude est le garde-fou de la jeunesse, comme l'a
dit je ne sais quel La Rochefoucauld, c'est aussi l'asile de chaude
retraite de la vieillesse, et la fiction du Faust de Gœthe devrait nous
révéler dans sa brume de métaphysique allemande son véritable
mythe qui est le rajeunissement, car l'étude met en nous une
flamme inextinguible et nous enveloppe d'une ardeur toujours nouvelle par la curiosité qu'elle attise. — A quelques recherches que sa
vocation le porte, qu'il s'occupe de rhétorique, de logique, de philosophie, de physique, d'astronomie, d'histoire ou de chronologie,
de droit canonique ou de théologie, de géographie ou de médecine,
qu'il étudie comme Cuvier les mondes antédiluviens, qu'il décrive
les mystères de la conchyliologie, des lépidoptères ou des phalènes,
l'homme qui envoûte sa vie dans un travail exclusif cohabite avec
le bonheur. — L'étude apporte chez le chercheur un désir de connaissances qui est un éternel renouveau pour son esprit; elle laisse
tomber sur ses fervents amoureux une rosée bienfaisante et conser-
vatrice qui les soustrait aux sécheresses grimaçantes de la vie extérieure, elle élargit leurs horizons par la perspective irradiée des

découvertes, elle synthétise profondément leurs sensations dans une
seule passion dominante,
elle emparadise pour ainsi
dire leur faible huma-
nité, car elle se montre
toujours inconnue, toujours désirable dans
la fraîcheur de ses attraits et elle s'offre à
toute heure et sous toutes les formes qu'on lui veut
prêter. Dans l'histoire, elle révèle l'ethnologie des
peuples; dans la morale, elle déshabille l'homme; dans
l'entomologie, elle nous initie à l'adoration de la nature
mystérieuse et formidable jusque dans la création des
infiniment petits; dans la philosophie, elle nous pro-
voque à l'indulgence et nous rapproche de Dieu.

L'honnête et académique Viennet, en ses vers
mirlitonesques, nous a laissé ce précieux distique, para-
phrase des anciennes sentences pythagoriciennes :

L'étude orne la vie et nous la rend plus chère ;
C'est un plaisir sans fin qui jamais ne s'altère.

L'étude est la gymnastique indispensable à l'esprit; elle le
dérouille, le polit, l'élève, l'assouplit, le réglemente et l'aide à
dissiper les troubles du cœur et les orages de la raison. « Le genre
d'études auquel chacun s'applique, dit Euler, a une influence si
forte sur la manière de penser, que l'expérimentateur ne veut que
des expériences et le raisonneur que des raisonnements. » —
L'étude nous amène à la logique, à l'art de penser, à la discipline et
à la science de réduire à de certaines règles nos pensées
vagues et nos raisonnements sans suite de façon à les faire
conclure en *mode* et en *figure,* comme disaient nos pères.

Cependant l'étude qui ne conduit qu'à l'érudition pure est peu de chose à nos yeux. — Être savant est à la portée du premier être doué de patience, de volontè, de mémoire et d'intelligence normale; on obtient un savant, un archiviste, un archéologue, un assyriologue comme on forme un soldat par l'exercice journalier et persévérant, par la culture d'une même case cérébrale. L'érudition n'est que vulgaire et sans valeur, et reste comme une science domestiquée, si le talent ne vient pas animer cette force de choses accumulées et si l'art du préparateur n'apporte pas les condiments nécessaires à la trituration des documents amassés. Le talent seul donne de la grâce, de la souplesse, du charme, de la séduction aux plus lourds travaux accomplis, et le talent, à vrai dire, c'est la jeunesse dans sa fleur, dans sa force, dans l'expansion de toute sa vitalité; c'est la puissance de la chaleur du sang, c'est l'outrance des enthousiasmes, c'est la séve abondante de vie qui monte au cerveau, se répand dans toute la créature, embrasant l'imagination et irradiant de sa lumière éclatante toutes les facultés. — C'est la flamme divine qui brûle et vaporise l'essence humaine dans toute sa gloire et sa beauté. Le talent, c'est le délire de la force, le rut de la passion, l'aveuglement d'une foi que la jeunesse seule alimente. — Quand l'âge arrive à l'hiver de la vie, tout s'éteint et s'enténèbre, de même qu'au crépuscule du jour, tout se grise et se noie lentement dans les demi-valeurs; rien

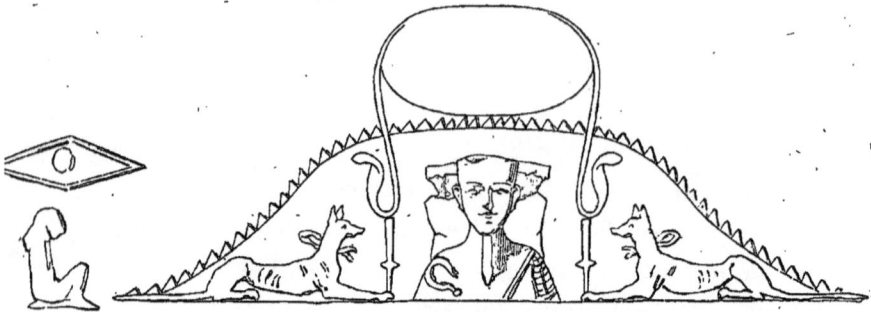

ne demeure plus accusé et en relief, rien ne fait plus ombrage que la pâle électricité de la gloire acquise, maigre compensation qui n'apporte point grande flamme dans le foyer alors fait de cendres tièdes. L'étude cependant reste encore et toujours un refuge où l'on pulvérise la momie de ses croyances, que l'on croit toujours intactes, mais qui se sont desséchées lentement aux basses marées sanguines de l'âge climatérique. Les vendanges sont faites, il n'existe plus que des grappillons qui illusionnent encore ceux qui les produisent. Mais l'âme de l'écrivain ne vient pas enlever comme naguère l'âme du lecteur, elle ne chante plus que les ritournelles; c'est l'heure des études sévères et froides, l'heure de l'abstraction et non plus celles des intuitions sereines qui sont dans le génie de la jeunesse.

La plus noble qualité de l'érudition seule est l'amour du vrai, mais cet amour du vrai n'est que ridicule lorsqu'il s'attaque au génie. Qu'importe que Shakespeare ait commis mille anachronismes, que Voltaire ait donné des entorses à l'histoire et que Hugo ait cité des textes inexistants! Le feu de leur génie ne purifie-t-il point ces misérables erreurs et le vrai des belles légendes ne sera-t-il pas toujours plus saisissant, plus conforme à nos croyances idéales que le vrai contrôlé par l'historien minutieux et pédant? — La moitié de Calderón et de Molière se retrouve chez Baudello, Geraldi Cintio et Lasca; mais cette moitié est faite principalement de matériaux, et le génie assassine si bien ceux qu'il pille qu'il faut toute la niaiserie, la basse envie des chacals de l'érudition méticuleuse pour oser déterrer ces cadavres et venir ouvrir l'enquête de la postérité.

Il est certaines études qui tiennent à la gérocomie des travailleurs; on se figure mal la paléographie en

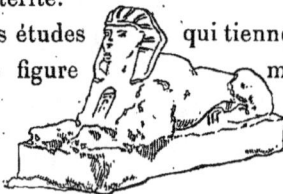

tant que passion juvénile, et, bien que beaucoup d'hommes jeunes
et ardents se soient livrés à la recherche des écritures hiératiques, à
l'analyse des hiéroglyphes et des anaglyphes, nous ne pouvons
guère nous représenter l'égyptologue que sous les aspects véné-
rables d'un vieil Hiérogrammate, blanchi dans la lente observation
des stèles, des canopes et des mystères isiaques. C'est que ces
études patientes ne nous paraissent point convenir à la jeunesse,
dont le poste est aux avant-gardes de combat, dans la modernité de
la mêlée, dans la lutte de l'idée nouvelle, de la formule originale,
dans la tempête du style et de la couleur. Au sortir des admirations
ordonnées par l'éducation professorale, après les classiques études
des dialogues des morts et les vagues notions d'antiquité absorbées
par la force de la *gaveuse* universitaire, après l'indigestion
d'Homère, de Virgile, du Dante et de Molière, et les hygiéniques
promenades dans l'attique littérature, l'esprit d'un néo-bachelier a
besoin de se désengager, de se répandre en plein air, de se griser de
vie indépendante, et de se for-
mer dans la recherche du *soi*,
où l'homme commence à naître
et à se connaître; il sent un
dégoût du fatras des langues
mortes et une curiosité impé-
tueuse vers l'inconnu des langues vivantes, dans le miel et le
suc de la forme cherchée et non
dans l'absinthe, selon la formule qu'il a dû jus-
qu'alors déguster; il a
comme une notion de la
complète incertitude des
sciences générales et la

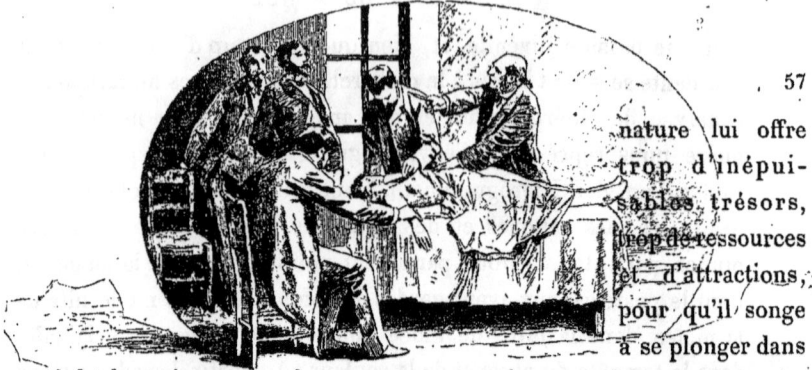

nature lui offre trop d'inépuisables trésors, trop de ressources et d'attractions, pour qu'il songe à se plonger dans la docte ignorance des myopes reconstituteurs des temps passés.

Il se lancera donc dans les arts, dans les lettres, dans la jurisprudence, dans les questions géographiques, aujourd'hui si captivantes, dans les études militaires qui lui font mille promesses de gloire ou dans les sciences physiologiques. Les mensonges de la médecine attireront surtout son attention, il y trouvera une carrière florissante en raison de l'inquiétude, de la névrose et du détraquement général qui règnent dans les hautes classes sociales.

Cette étude des sciences médicales en communion avec la philosophie matérialiste du jour est bien faite pour séduire les esprits studioso-ambitieux. La médecine, cependant, ne vit que d'incertitude, de tâtonnements et d'audace ; elle subit les modes d'une époque qui la font dévier continuellement de ses recherches suivies, et le charlatanisme (ainsi que dans toutes les autres sciences) y fait plus d'adeptes que la sévère et modeste autorité des maîtres véritables. Le dogmatisme d'Hippocrate est abandonné pour un vague éclectisme moderne qui aboutit à un diagnoste très superficiel, et à une thérapeutique toute faite de chimiatrie ; de plus, on s'éprend sans raison de toutes les méthodes nouvelles, quitte à les rejeter après les avoir expérimentées sur d'innombrables victimes ; après la Diététique, la reconstituante ; après l'Énanthéopathie, l'Homéopathie ; après l'Hémaphilie, l'Hémaphobie ; la Babel de la médecine monte chaque jour d'un étage dans la confusion de ses langues et de ses systèmes, qui combattent le bon sens et la nature. Nous

8

avons eu, tour à tour, la médecine Hippocratique, Galénique, agissante et expectante, curative et prophylactique, méthodique et empirique, animiste et matérialiste, hermétique et métallothérapique, sans compter la médecine polypharmaceutique, la plus suivie de toutes et la plus dévastatrice. Quand on regarde d'esprit sain les diverses méthodes de cet écœurant concours d'assassinats légaux, la plupart conçus en dehors de toute étiologie, on demeure éperdu, et l'on aime à se détourner des praticiens avec autant de crainte que des chourineurs du vieux temps; on se demande, non sans un haut mépris des hommes, comment, au milieu de notions si incertaines et si imparfaites qu'elles n'ont pu encore pénétrer les mystères du corps humain, il se trouve des êtres assez indifférents ou assez audacieux pour oser, à la légère, passer de la théorie à la pratique et prétendre exercer un art dans lequel ils n'ont point l'assurance d'être de concert avec la nature. Il est juste d'ajouter que la sainte Écriture nous prévient en disant : *Honora medicum propter necessitatem,* et que la Bible, d'autre part, ne manque point de nous garder très charitablement de nos bourreaux en prophétisant que *Celui qui péchera contre le Créateur tombera sûrement entre les mains du médecin.* Mais on ne lit plus assez la Bible. Elle renferme toute sagesse et philosophie et nous indique surabondamment que la science médicale n'a été introduite dans le monde que pour punir les criminels, c'est-à-dire les oisifs coupables de lèse-création et les téméraires orgueilleux qui, en surmenant leurs corps et oubliant les lois de l'équilibre vital, deviennent coupables d'outrages aux facultés humaines. Le docteur Guillotin est peut-

être le seul qui ait eu le courage d'afficher franchement
son mandat divin en combinant la machine ingénieuse
qui lui doit son nom et qu'il devait, plus tard, épouser
dans sa triste gloire devant la postérité.

L'étude en elle-même est plus curative que toutes
les drogues des manigraphes ; Osimandias appelait
judicieusement sa bibliothèque : *Pharmacie de l'âme*,
et c'est dans les livres, en effet, qu'on trouve le plus
grand reconfort des vanités du monde. — Le commerce des livres nous détourne délicieusement du
trop fréquent et attristant commerce des vivants et
nous accoutume insensiblement à celui des morts ;
j'entends des glorieux immortels qui nous ont légué
l'essence de leurs plus nobles pensées: Plaute, après une vie péniblement ballottée de tracas en adversités, répondait un jour à qui
l'interrogeait sur la distraction qui lui avait procuré le plus de repos
et de contentement :

« Sachez qu'il n'y a point d'état où l'on ne souhaite le changement ; point de poste d'honneur sans péril, point de richesse sans
travail et sans inquiétude, point de prospérité stable et qui ne
finisse, ni aucun plaisir si agréable, dont, à la fin, on ne se lasse ; de
sorte que, si jamais j'ai senti quelque repos et quelque tranquillité,
c'est depuis que je me suis entièrement adonné à la lecture. »

La lecture, non la lecture capricante et furtive, mais la lecture
saine et absorbante, nous délivre de toutes les agitations et de
toutes les maussaderies de la vie extérieure ; elle alimente en notre
esprit un foyer de lumières qui lui crée une existence factice mille
fois supérieure à l'existence réelle. Elle nous fait voyager comme
de jeunes dieux antiques sur les nuages de l'illusion, dans des contrées fantastiques toutes peuplées de poétiques sensations, d'une
beauté d'autant plus persuasive qu'elle est plus indécise ; elle nous

crée des sympathies intellectuelles affinées, qu'aucune trahison ne peut détruire et qu'aucune hypocrisie ne saurait empoisonner.

Les livres sont autant d'amis fidèles et serviables qui nous enseignent doucement sur toutes choses, en nous persuadant de leur docte expérience; la solidité de conversation de tant d'auteurs disparus est toute faite d'aménité, d'esprit, d'humour, de croyances, et exempte de ces vivacités, de ces aigreurs, de ces lâchetés qui nous rendent parfois si odieuse la conversation des vivants; ce sont des guides complaisants qu'on abandonne à son loisir et qu'on reprend aux heures alanguies. Voulons-nous revivre l'antiquité, revoir, par les yeux de l'imagination, Rome, Carthage, Athènes, Ninive, Byzance, Memphis ou Babylone et inventorier les richesses d'art de tous ces peuples anéantis? Les livres, sans exiger trop de salaire, nous promènent, du coin de notre feu, au milieu des plus vieilles civilisations. Songeons-nous à notre salut? Les Pères de l'Église s'offrent tous à nous, sans faste et sans orgueil, pour l'épuration de notre âme.

Désirons-nous apprendre l'astronomie et les mystères du Ciel, nombrer les planètes et apporter un nom à tous ces milliers de points lumineux qui constellent le firmament, avoir toutes les notions relatives aux corps célestes, à leurs mouvements, à leur distribution dans l'espace, à leur figure et à leur conformation physique, et enfin connaître le mécanisme compliqué de l'astrostatique? Cent astronomes, Galilée, Képler, Laplace, Newton, Halley, Lacaille, Lalande, Herschel, Delambre, Arago et autres, nous initieront clairement à la cosmo-

gonie, à la latitude et à la longitude, à l'uranologie et à la prodigieuse variété de la planisphère. — Laplace nous apprendra que,
de toutes les sciences naturelles, l'astronomie est celle qui présente
le plus long enchaînement de découvertes et qu'il y a extrêmement
loin de la première vue du ciel à la vue générale par laquelle on
embrasse aujourd'hui les états passés et futurs du système du
monde. Après avoir pénétré par l'étude dans la connaissance du
zénith, nous penserons avec Fontenelle que ce sont les travaux des
astronomes qui nous donnent des yeux, et que, sans eux, nous
ignorerions la prodigieuse magnificence de ce monde presque uniquement habité par des aveugles.

   Si les curiosités de la nature nous tentent et si, dans les délices
des solitudes rustiques, nous voulons
égayer par l'étude des plantes
et des oiseaux les charmes
monotones de la vie con-
templative, et, par la
même, apporter dans
notre amour des
champs plus d'obser-
vation, plus d'inté-
rêt, plus de passion
raisonnée, ce sont
encore nos très chers
amis les livres qui
viendront près de
nous prendre une pe-
tite place dans notre
retraite de verdure et
nous permettre d'analyser la vie et les
mœurs des êtres organisés qui nous environnent. — Les monogra-

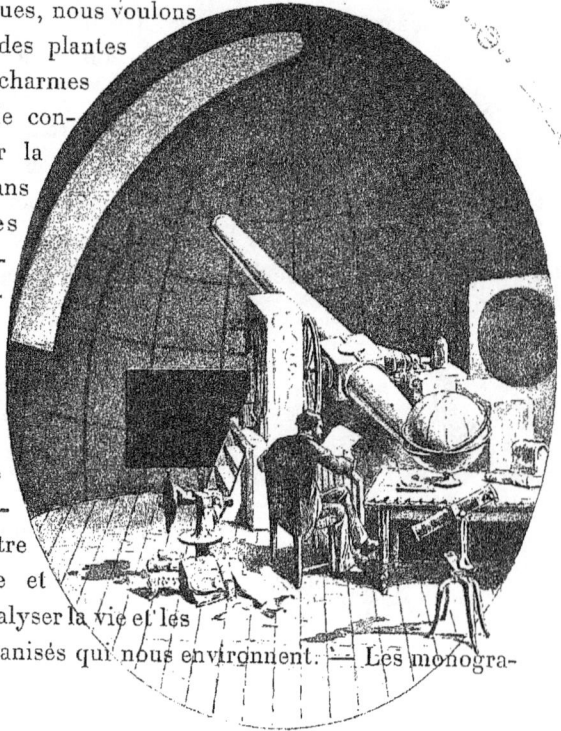

phies ou les faunes ornithologiques
attireront notre attention sur tous ces
gracieux oiseaux qu'adoraient les Égyptiens, et nous aurons des liesses infinies à étudier, en compagnie de Cuvier,
de Geoffroy Saint-Hilaire, de Vieillot
ou de Femminck, les caractères diffé-
rents des préhenseurs, des rapaces, des
grimpeurs, des passereaux, des colom-
bins, des gallinacés, des coureurs,
échassiers et palmipèdes, qui, dès lors,
cesseront d'être à nos yeux des êtres décoratifs de la nature, pour
nous passionner sérieusement par l'examen de la rapidité de leur
déplacement ou des particularités les plus infimes de leurs mœurs
et de leur reproduction.

L'étude seule de la botanique suffirait même à nous créer des
ressources imprévues et à nous donner goût à la vie dans le désert
le plus profond. — La botanique n'est pas, comme le disait Jean-
Jacques, la distraction d'un oisif et paresseux solitaire, ou bien l'art
d'injurier les plantes en grec, comme le prétendait un jardinier
philosophe : c'est un goût qui va sans cesse croissant et rend les
mœurs affables, un goût parfois utile pour le végétarien, car la
botanophilie amène souvent à la botanophagie, et je sais des pas-
sionnés d'organogénie végétale qui en sont peu à peu arrivés à tout
rendre comestible et à donner souvent à leurs amis, outre les
charmes de leur exquise aménité, l'inédit de cuisines extraordinaires, tels que des ragoûts d'oignons de dahlias, des platées d'orties
ou des purées de coucous printaniers. — Mais cette manie rentre
presque dans la physiologie agricole. L'étude de la botanique nous
conduirait avec Aristote, le fondateur des sciences d'observation,
à accorder aux végétaux une sorte de vie qui les placerait, dans

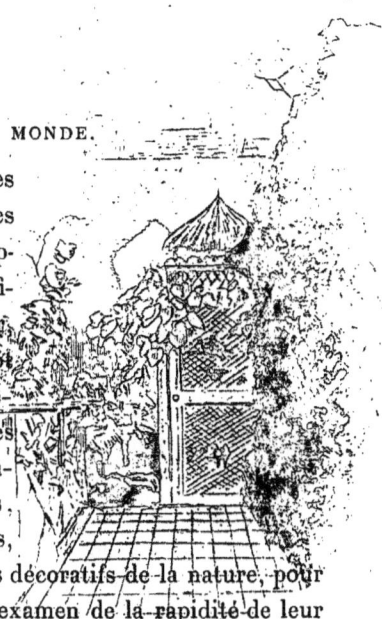

l'échelle des êtres, entre les corps bruts et les animaux, et à ne reconnaître entre eux de distinctions que par leurs excrétions, qui ont une odeur agréable, et par la privation des sens qui ne leur permet ni de connaître les objets extérieurs, ni de se connaître eux-mêmes.

La botanique, d'autre part, a cet incomparable avantage qu'elle exerce à la fois nos facultés intellectuelles et physiques, et qu'elle sait nous soustraire aux habitudes casanières des études ordinaires pour nous entraîner dans des courses folles et hygiéniques à travers plaines, vallons et montagnes. Elle fait voyager ses amoureux du nord au sud, sous tous les méridiens, car elle embrasse le monde par la géographie de sa flore variée à l'infini ; elle les conduit jusque vers les hauts plateaux du Nouveau Monde, au bord des lacs immenses, au fond des vallées profondes, toujours en quête de particularités et d'inconnu. Plus que toutes les autres sciences, elle rapproche l'homme de la nature qu'il semble confesser, elle élève à la fois en lui le goût du simple, le sens du naturel et le tact du beau, car tout ce qui est du Grand Tout respire et exprime le beau, et la structure de la plus modeste feuille est un incomparable chef-d'œuvre de Dieu.

Toutes les études, pourvu que notre instinct moral nous pousse vers elles, sont bienfaisantes et régénératrices ; elles donnent à notre âme mille formes différentes mais véritablement heureuses et font entrer dans notre être les modes les plus inimaginables. Il faut donc, selon le conseil voltairien, ouvrir les portes de notre esprit à toutes les sciences et à tous les

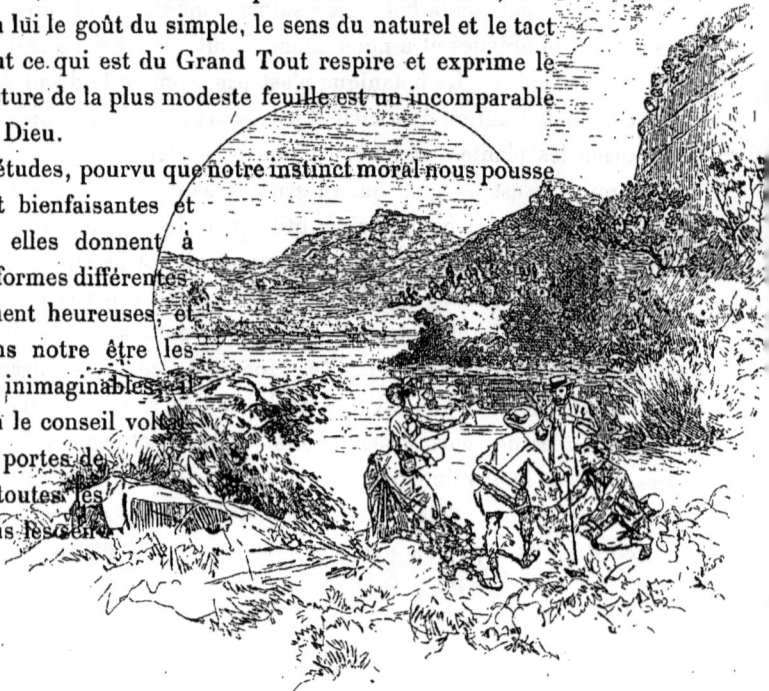

timents. Pourvu que tout cela n'entre pas pêle-mêle, il y a place pour tout le monde. Il s'agit d'éviter l'indigestion et la congestion, grâce à un labeur sage et réglé, de courtiser les sciences comme les femmes, l'une après l'autre, avec l'infidélité de sa fidélité à la curiosité, de passer de la tragique Histoire à la Philosophie précieuse, de la coquette Littérature à la Jurisprudence rusée et perfide et de ne s'arrêter en légitime mariage que là où la séduction aura été la plus forte, où l'avenir se sera montré le plus souriant.

L'étude et les livres sont, pour tout dire, les grands charmeurs de cette vie ; ils n'apportent, si l'on se livre à eux en toute liberté et conscience, ni désillusions ni amertumes, car ils nous enseignent la modestie, nous convaincant chaque jour davantage de notre ignorance infinie et nous laissant en' appétit de toujours désirer des connaissances nouvelles. Pour les esprits affinés, il est un livre surtout qui ne lasse jamais, c'est le *soi* dont l'étude constante suffirait à défrayer la vie, pour peu qu'on y apporte l'humilité nécessaire à l'examen de tout son être moral. — Montaigne disait : J'aime mieux forger mon âme que la meubler, et il n'est point de plus faible ou plus forte occupation que d'entretenir ses pensées : *Quibus vivere est cogitare.*

L'AMOUR

L'Amour est l'architecte de l'univers.
(Hésiode.)

C'est le perturbateur du Monde.
(Bacon.)

EPUIS l'Antiquité la plus reculée, depuis la jolie légende de la Vénus cythéréenne, laquelle n'était autre que la Nephtis de l'Égypte ou la femme de Typhon, depuis les âges du paganisme, du bouddhisme et de l'idolâtrie jusqu'aux temps modernes, chez tous les peuples, à travers toute l'hiérographie des civilisations disparues, plus on étudie, plus on cherche, plus on considère, plus on approfondit la philosophie des faits, plus il semble qu'on puisse affirmer que l'histoire de l'amour a toujours été l'histoire du Genre humain. — Il faudrait croire, avec Nodier, le doux conteur philologue, que le monde prit naissance dans un merveilleux paradis, décoré des mains de Dieu même, pour servir de palais nuptial à l'humanité, et que la nature tout entière, jeune, virginale et fleurie, fut le berceau enchanté des premières amours.

Après avoir déposé dans le sein des plantes un phénomène organique, au sein des brutes un instinct et dans le cœur de l'homme un sentiment, l'Esprit divin, moitié attendri, moitié ironique, mystificateur et curieux, invita son ouvrage à croître et multiplier, et le ciel vit alors la vibration soudaine des êtres issant à la vie et à la perséité, se cherchant dans le mystère afin de se rencontrer, de se souder, de se transsubstancier, de s'unir théandriquement en essence dans un spasme subit et troublant, pour obéir à la parole de Dieu. — Telle pourrait être l'exposé de notre *Genèse* chrétienne.

La Légende païenne nous conte la naissance de l'Amour mythologique de cent manières différentes et ingénieuses. — Simonide le fait naître des baisers de Mars et de Vénus, voulant exprimer par cette origine sa force et sa faiblesse, sa puissance et sa grâce, sa vigueur et sa beauté. — Selon Alcméon, Flore et Zéphire l'auraient enfanté, lui donnant les symboles du charme et de l'inconstance, de la fraîcheur et du parfum, de la fragilité et de la caresse enveloppante ; Hésiode nous le fait voir sortant du chaos et apportant au monde le trouble et la dévastation ; Platon le juge fils de la Pauvreté (*Penia*) et de la Richesse (*Poros*), car il attendrit souvent par sa frilosité et toujours tend la main... encore, encore et toujours encore, et d'autres fois semble plus riche en lui-même que tous les dieux et potentats de la terre. — Sénèque le dit fils de Vénus et de Vulcain, car

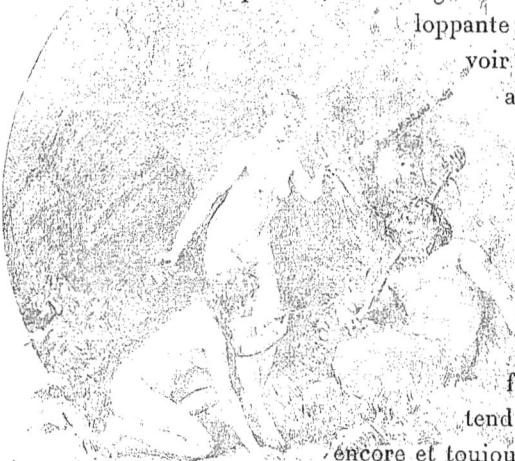

il forge en personne ses chaînes et ses propres armes aux foyers incandescents qu'il attise de son souffle; Alcée tire sa généalogie de Zéphire et d'Éris, car il suscite la discorde et apporte la perturbation au sein des hommes; Démocrite l'indulgente par son rire, et Héraclite le noie dans ses larmes.

L'affabulation de la théogonie antique n'est jamais en défaut lorsqu'il s'agit de l'Amour. — Selon certains poètes, la Nuit pondit un œuf, le couva, fit éclore ce gentil petit dieu tant controversé, et ce papillon géant déploya ses ailes dorées, prit aussitôt son essor et alla éveiller, réjouir et troubler les mondes naissants. — On nous le représente un bandeau sur les yeux, signe de sa cécité; on lui met un flambeau à la main, témoignage des clartés qu'il apporte dans nos âmes et des incendies qu'il allume en nos sens; on lui prête des ailes double symbole de sa légèreté et de son éternelle aspiration à s'élever vers l'infini; on lui pose un doigt sur la bouche, comme cachet de son mystère et de sa discrétion; ici, on le voit servir de guide à la fortune; là, c'est la folie qu'il conduit.

Tous les poètes ajustent leurs lyres en son honneur. Anacréon, l'aimable et joyeux vivant qui marie Vénus à Bacchus et les nymphes à Silène, compose une ode à l'*Amour mouillé*, laissant passer dans cette fiction charmante l'image de la Pitié ouvrant la porte aux caresses du malicieux petit porteur d'arc, car la Pitié cette vestale gardienne du sentiment, souvent prélude à l'amour ou, plus souvent encore,

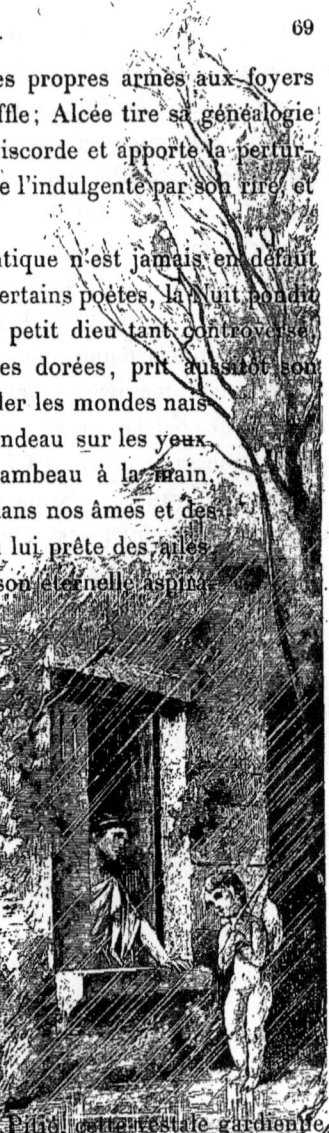

lui survit, et les anciens, qui ne possédaient guère cependant la science du cœur, ne l'ignoraient point.

Ovide, Virgile, Tibulle, Properce, Théocrite, Catulle
et tant d'autres chantent en leurs œuvres leurs immor-
telles amours ; Didon, Camille et Neère expriment les ris,
les grâces et les tourments de l'amour antique, dans toutes les
nuances si variées de la tendresse, de l'ardeur, du caprice, de l'inconstance de la volupté et de la passion.

La définition de l'amour antique pourrait tenir dans ces deux
mots : *sentir* et *désirer*. Le premier des sentiments était l'adoration
du beau sous toutes ses formes les plus complexes, dans l'harmonie physique et morale ; ce qui était beau alors devenait divin et
était idolâtré comme tel. Les Latins se servaient du même mot pour
exprimer l'idée *d'aimer* et celle de *choisir*. L'amour était donc en
quelque sorte une élection naturelle des espèces, élection tout
esthétique et sensuelle et dans laquelle n'entraient point toutes les
considérations psychiques que la morale chrétienne par sa lente
éducation apporta depuis dans nos cœurs.

Le christianisme, dès son origine, inventa, pour ainsi dire, tous
nos sentiments. Nodier, dans une grande page éloquente, nous
peint mieux que personne cette transformation de l'idéal humain :

« Les bergers de l'étable, écrit-il, arrivèrent les mains pleines
de fleurs, comme les bergers du poète, et les prodiguèrent au monde
rajeuni, comme le gage d'un nouveau printemps ; les plus précieux
de ces bienfaits aujourd'hui si méconnus, c'était la liberté, c'était
l'Amour.

« Cet amour chrétien, éclos peut-être sous l'ombre des silen-
cieuses contemplations de Pythagore, développé dans les sublimes
rêveries de Platon, nourri par la foi rêveuse des esséniens, exalté
par la sensibilité romanesque des thérapeutes, fut quelques siècles
à sortir des épreuves du martyre et de l'exil des catacombes. Il en

sortit chaste et doux, mais aussi triste, pâle et souffrant
comme l'agneau qu'on vient sacrifier pour le dernier festin des
peuples. — Après lui, en effet, c'est fini de tout amour; l'imagination ne conçoit rien qui le remplace, et c'était raison qu'il
fût né dans un tombeau, l'amour dont les dernières flammes
devaient s'éteindre sur le tombeau éternel des nations. »

Après avoir justement constaté que ce qui distingue le christianisme des autres religions, c'est qu'au lieu de placer son sanctuaire dans l'imagination, il l'a placé dans le cœur, le docte et disert
Nodier poursuit ainsi :

« La forme de l'amour chrétien ne fut pas immuable comme
son principe; elle suivit, selon sa nature, les diverses modifications
de la société chrétienne, mais sans altérer l'imposant caractère qui
révèle son origine... Dites, ô vous, pour qui la beauté a toujours
des inspirations, pour qui l'amour a toujours un regard et un langage, ce que la beauté et l'amour réunissent d'enchantements dans
les chroniques du moyen âge, dans les suaves chansons des trou-
badours, dans les fables romantiques des paladins; et si vous ne
possédez pas le secret de ressusciter le passé, demandez à Hugo,
demandez à Vigny quelqu'une de ces palingénésies qui ne sont
qu'un jeu pour leur baguette. Voici déjà la décoration qui se
déploie avec ses tours presque cyclopéennes, ses ogives lancéolées,
ses croisées voilées de lierre, ses hauts et larges balcons que le
burin patient du sculpteur a couronnés d'un dais de feuillage qui
semble frémir. Voici la profonde galerie aux dalles sonores; et
cette jeune femme rêveuse qui la parcourt incessamment en s'arrê-
tant à chaque pas, c'est la châtelaine qui attend depuis deux ans
un écuyer venu de Palestine dont elle n'ose plus espérer le retour,
car elle pleure. — Ce soldat cependant ne lui doit apporter qu'un
message incertain, une consolation trahie peut-être par cent ba-
tailles, un rosaire béni aux saints lieux, ou une écharpe sanglante,

heureuse si ce n'est pas quelque fatal écrin où se dessèche insen-
sible un cœur qui a cessé de battre pour elle ! — Est-ce Godefroy,
est-ce Tancréde, est-ce Coucy ? — Je l'ignore, je ne sais plus rien
de ces mystères. Mais ce que je sais positivement, c'est qu'auprès
de ces sentiments les amours d'Achille et d'Énée étaient de sottes
amours. »

Il serait bien permis de différer d'opinion
avec l'auteur de ces lignes, eu égard à la
dernière expression qu'il laisse tomber
avec tant de dédain ; — mais passons.

L'Amour chevaleresque, en vérité,
issu du christianisme et des mœurs ger-
maniques, héroïfiait les âmes, car il
puisait sa force aux sources mêmes de
l'honneur et de la foi gardée, ainsi que
dans un principe suprême de bravoure,
de respect et de profonde moralité. Évoquons par la pensée le souvenir de
Pétrarque et de Laure, de Roméo
et Juliette, d'Isabelle et Zirbin de
l'Arioste, ou encore celui de Fran-
çoise de Rimini dans l'*Enfer* du
Dante. C'est partout la flamme la
plus pure, la plus constante et la
plus ardente qui brûle sans se consumer dans le temple gothique
des amours du moyen âge. — Il
semblerait que le cœur ait battu
plus fort sous ces armures qui
gauchissaient les mouvements tout
en grandissant l'allure, qui empe-

saient les grâces et claus-
traient les hardiesses du
désir ; les agenouillements
étaient lents et majes-
tueux, les étreintes s'inti-
midaient de leur puis-
sance ; tout était solennel,
froid, imposant, monu-
mental ; le culte du sentiment se pro-
fessait presque liturgiquement comme
le culte divin ; il avait ses lois, ses
régles, ses ordonnances, et, dans les
Cours d'Amour, d'illustres dames et
de gentils poètes rendaient des arrêts
rigides sur des questions d'une jurisprudence du cœur, qui n'admettait ni
les *goûts* ni les *penchants*, mais le seul
féage des âmes par investiture sacrée.

L'Amour, à l'heure de la Renaissance, laissa aux Amadis les sentiments tranche-montagne ; il s'assouplit dans la galanterie ; moins res-
pectueux et alangui, il fut plus
séduisant, plus bravache, plus
tumultueux ; au lieu de
courir en Palestine, il
escalada des
balcons, et,
ne connaissant
point d'obstacle, il
alla jusqu'à s'autoriser
du rapt et du viol dans des équipées les plus folles. Il ne soupira

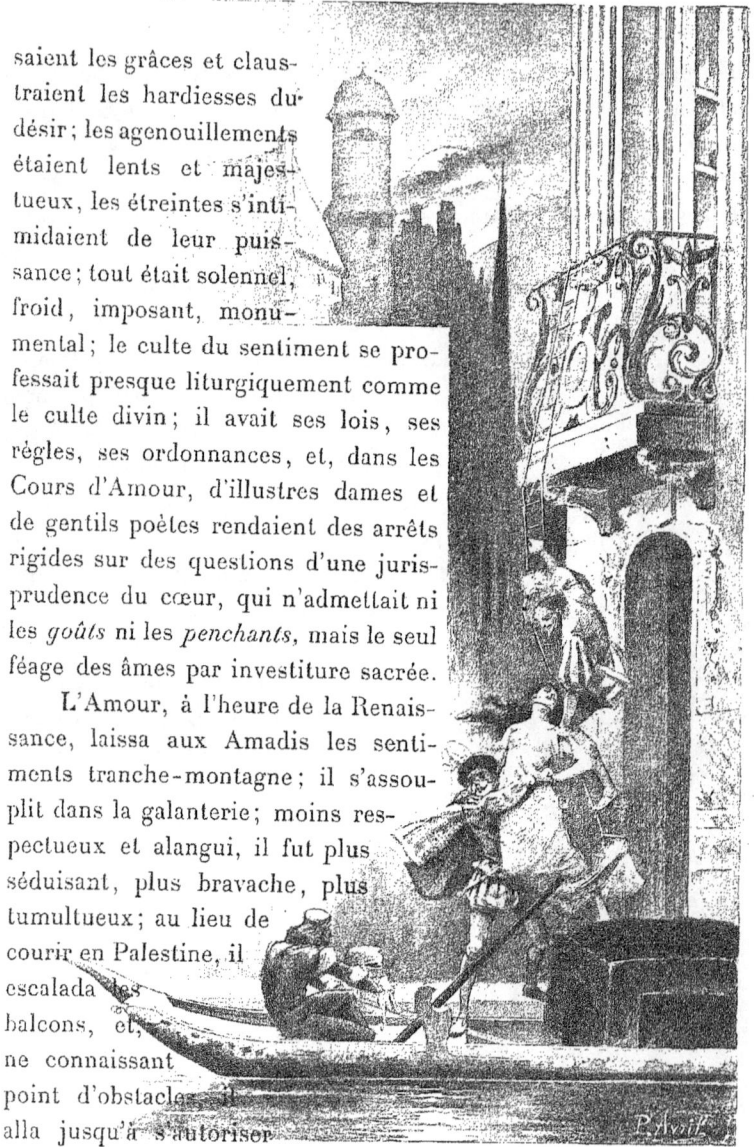

plus sous la cuirasse il fit éclater les pourpoints. Dans un âge de splendeurs et de fêtes, au milieu des plaisirs, il fut aventureux, mouvementé, dramatique, éblouissant jusque dans le mystère, il s'échauffa dans la gloire et le tempérament sanguin des peuples latins, et cependant, d'une allure toujours courtoise, il se régla parfois avec une sorte de pragmatique qui demeurait encore comme un des derniers vestiges des passions féodales.

On commença à madrigaliser la tendresse, à roucouler ses vœux dans l'harmonie des aubades ou des sérénades, et la poésie amoureuse, alors la plus riche de tous les siècles passés et présents, devint nourrie de mignardises, de douceurs surées, de gentillesses épicuriennes, de menues accortises gracieuses et persuasives, de soupirs souëfs et flûtés, de diminutifs attendris et de délicatesses exquises dans la crânerie du désir affiché. — L'appétence sensuelle ne fut point dissimulée, on enleva la chemise des mots avec plus d'inchasteté que d'impudeur, car chacun se rua dans la mêlée des sensations en poitrinant au plaisir avec l'impétuosité la plus franche. — Quelle prodigieuse puissance de vie débordante ! Quelle sève d'humanité triomphante ! Quel enthousiasme charnel en ce rutilant XVIe siècle si largement congestionné d'amour, que toutes ses œuvres, petites ou grandes, parlent encore aujourd'hui à nos sens ! Ce fut réellement le temps fleuri des passions ardentes et hardies qu'aucune fausse sentimentalité ne venait affadir, le temps des moissons de foisonnants baisers cueillis au mitan des lèvres, le temps des saines accordailles

déiviriles, le
temps des
vaillances de
cœur et des bravoures physiques, des galanteries épiques et aussi
des voluptés solides et nerveuses.

Le xvII° siècle devait mitiger tout cela en apportant une sorte
d'idéalité nouvelle. A l'Amour à l'italienne, l'Amour à l'espagnole
allait succéder; un amour tout d'afféterie, de prévenances, de petits
soins, emprisonné dans les convenances, ligotté par les devoirs,
un amour d'éternel vis-à-vis, basé sur une métaphysique aussi
compliquée que peu joyeuse. Le roman de l'*Astrée*, dont les
doctrines furent d'abord reçues dans les salons de l'Hôtel de
Rambouillet, pour de là se répandre dans la société polie, ce
roman, ou plutôt cette pastorale héroïque, mêla le sentiment
chevaleresque à l'amour platonique, et, ainsi que le fait remarquer
Saint-Marc Girardin, contribua largement à porter à son
apogée la prépondérance des femmes dans le monde et la littéra-
rature. Le type de l'amoureux parfait fut cet *honnête homme*
décrit par Faret, *mourant* discret, réservé, qui souffre, soupire
et ne dit mot, le parangon de vertu attendrie, fut cette *honnête
femme* que le père Du Boscq a pourtraicturée en un petit
volume non moins moral que sévèrement conçu. Le temps était
alors le plus sûr auxiliaire de l'Amour et tous les soupirants
d'office, et les galants fieffés aimaient à s'alanguir dans
les lenteurs des poursuites voilées et à *mitonner* les
plaisirs aux pieds de leurs *cruelles;* on faisait
montre d'une passion *pitoyable;* on laissait
voir, avec mille simagrées, qu'on était atteint
dans l'aile; on aiguisait des pointes,
on contournait des allusions en évi-
tant le but réel; les yeux noyés
parlaient pour les lèvres muettes.

et les madrigaux
étaient si bien affi-
nés qu'ils tournaient
au phœbus pour arriver
plus sûrement au cœur
par la voie de l'esprit.

Tout le XVIIe siècle à perruques règle l'Amour avec apparat et alambique le sentiment avec trop de manières pour qu'il n'ait pas à en souffrir ; tout y semble préparé, aligné, taillé comme les jardins à la Le Nôtre, rien de naturel, de vivant, d'excentrique, d'indépendant, de fou ; mais beaucoup de rectitude, de froideur, de courtoisie et de magnificence. Ces illustres grandes dames, amies de Victor Cousin ne nous inspirent, à distance, aucune de ces tendresses rétrospectives que nous accordons si volontiers à celles pour qui l'Amour a été toute la lumière de vie, et qui se sont immortalisées par l'outrance même de leur passion. — Au XVIIe siècle, l'Amour est si guindé, si baleiné, si brocardé, si en-goncé dans le convenu des convenances qu'on ne parvient guère à le déshabiller par la pensée. Il reste debout et semble ne se coucher jamais ; il est correct et majestueux comme le menuet.

Il nous faut arriver au XVIIIe siècle pour trouver un amour

joyeux, éphémère,
portant la marotte
et les grelots de la folie.

Après les austérités des dernières années du Roi Soleil, l'Amour
semble se déchrysalider et prendre son vol dans le printemps fleuri
de la Régence ; il abandonne le culte et tourne au *papillonnage ;* la
société se fait épicurienne et ne recherche que les sensations fugitives ; l'âme n'y a plus d'attache, les sentiments se mettent à la mode
comme les habits ; l'amour se colporte avec les brochures, au petit
lever des caillettes, les petits abbés s'en font l'introducteur. — Le
cœur n'ose plus entrer en rivalité avec l'esprit, toute la vie se dis-
perse dans le badinage et dans la passade galante. La jalousie même
est mise en interdit ; on adore dans l'Amour jusqu'aux amours de
sa maîtresse. Mais est-ce bien là l'Amour, ou n'est-ce qu'une copie
dégradée, avilie, sans expression réelle ! — A vrai dire, ce n'est
qu'un sixième sens qu'on fête à outrance et dont on se grise légèrement, c'est le Dieu des jardins qu'on honore de ses coquetteries
et qu'on enrubanne de fanfreluches, de colifichets et de clinquant.

Jean-Jacques Rousseau, avec *la Nouvelle Héloïse,* devait rani-

mer le foyer éteint et nous ramener à la tendresse mélancolique et rêveuse, assoiffée d'infini ; il inventa l'inquiétude métaphysique de l'âme
passionnée, et, plaçant le sentiment dans la nature,
dont pour la première fois peut-être il révélait
les beautés, il mit non seulement l'esprit français au vert, selon le mot de Sainte-Beuve,
mais encore fit-il communier le cœur avec les
charmes troublants et mystiques de la vie champêtre. Dès lors,
l'Amour à la Jean-Jacques sentit son incurabilité et s'analysa ; il
devint alangui, exalté, délirant, inactif, larmoyeux ; il cultiva sa
passion jalousement avec hystérie, tout en la maudissant ; il em-
poisonna par contagion toute notre littérature des vingt premières
années de ce siècle, dont la sentimentalité grise et pluvieuse a
pénétré et assombri le cœur de tant de générations de jeunes
hommes, de là viennent Musset et Lamartine.

La Révolution cependant avait établi un courant contraire à
toutes ces emphases du cœur et des sens et paraissait avoir détruit,
par sa renaissance païenne, ces effluves et ces orages de passions
nourries d'elles-mêmes. Les sentiments de l'ancien Régime n'avaient
sombré avec lui que pour se réveiller vingt ans plus tard. La Révolution ramena l'Amour à la simplicité antique et tenta de ressusciter à sa manière la mythologie voluptueuse. On fit revivre les
déesses en chaque femme ; on cupidonisa en compagnie de Psyché,
de Flore et d'Hébé, l'Amour délaça les sandales des Phrynés
citoyennes et chacun s'efforça de soustraire son cœur à toute
autre religion qu'à la religion dite naturelle, c'est-à-dire physique.
Cabanis, grand prêtre physiologiste du temps, exprime nettement
son opinion, ce que doit être l'*amour révolutionné* :

« Une des causes, dit-il, qui ont contribué à dénaturer l'Amour
par une exaltation factice, c'est le défaut d'objets d'un intérêt véri-

tablement grand et le désœuvrement général des classes aisées...
Sous le régime bienfaisant de l'égalité, sous l'influence toute-puis-
sante de la raison publique, étranger à toute exagération, à tout
enthousiasme, l'Amour sera le consolateur, mais non l'arbitre de
la vie ; il l'embellira, mais il ne l'emplira point. Lorsqu'il la rem-
plit, il la dégrade, et bientôt il s'éteint lui-même dans les dégoûts. »

Malgré ce décret de Cabanis, repris plus tard par Sénancourt,
l'Amour échappa aux ordonnances de la raison civique ; après les
guerres de l'Empire, il reprit possession d'un peuple anémié et
moralement endolori pour exercer sa tyrannie avec plus de puissance que jamais dans la littérature, la société et les mœurs, et,
ce ne fut point l'Amour sémillant, tout diapré d'inconstance, qui
revint d'exil, ce fut la passion sombre avec le développement
excessif de désirs irréalisables. C'est que l'on comprit que l'Amour
était un désir d'immortalité et qu'il ne se divinisait que par les
obstacles et la douleur. On sentit le vide de la possession, l'anéan-
tissement du désir par le contact des sens et l'on eut cette morale,
selon Platon, qu'il n'est aucun être tellement mauvais fût-il dont
l'amour élevé ne fasse un dieu pour la vertu. On pensa que rien
n'y pouvait être borné, sauf pour les âmes bornées, et on le
voulut infini dans tous les au delà de la compréhension humaine,
supérieur à tous les paganismes, au-dessus de toutes les lois, planant sur le monde qu'il fait mouvoir et qu'il envoie
de son mystère.

Où a-t-il été
mieux parlé de
l'Amour que dans
l'*Imitation de Jé-*
sus-Christ ?

« L'Amour est généreux, entreprenant, porté aux grandes
choses, insatiable de perfection. Il veut s'élever toujours et rien

de ce qui est ici-bas ne lui suffit. Il veut être indépendant et dégagé de toute affection qui le distrait de celle qui le possède, afin qu'aucune illusion ne le séduise et qu'aucune douleur ne le rebute.

« Il n'y a rien de plus doux que l'Amour, rien de plus fort, rien de plus élevé, rien de plus étendu, rien de plus gracieux, rien de plus parfait et de meilleur au ciel et sur la terre, parce que l'amour est né de Dieu et qu'il ne peut se reposer qu'en Dieu, au-dessus de tous les objets créés.

« Celui qui aime court, vole et se réjouit ; il est libre et rien ne l'arrête, il donne tout pour tout, il possède tout dans ce qu'il aime, parce que ce qu'il aime est tout et renferme tout ; il ne craint pas de se donner tout entier, parce que tout lui est donné.

« L'amour veille toujours, il ne dort pas dans le sommeil. Il se tourmente sans fatigue, se contraint sans se mettre à la gêne, s'émeut et s'effraye sans se troubler ; mais, comme une flamme vive, ardente et légère, il brûle, s'élève et passe avec assurance. »

Mais il n'y a que ceux qui aiment ou ont aimé qui soient susceptibles d'entendre ce superbe langage.

Les Voyages

LES
VOYAGES

L'Anglais voyage pour ... être vu.

Les Anciens se plaisaient à comparer le monde à un livre colossal, dans lequel l'homme qui n'a vu que son pays natal n'a lu qu'une feuille. Rien n'est plus juste que cette image; les voyages équilibrent notre esprit par la comparaison, modèrent nos vanités, assurent notre jugement et nous perfectionnent en tous points, quand nous savons en tirer les avantages qu'ils peuvent procurer et nous garder des inconvénients qui très souvent s'y rencontrent. — Il n'y a point de meilleure école de sagesse que celle des voyages, écrivait déjà La Mothe Le Vayer en un temps où Mme de Sévigné allait proclamer que « les voyages usent le corps comme les équipages », et les deux opinions ont continué à être débattues entre les tempéraments sédentaires, à vie monotone, à habitudes fixes, à monomanies nationales, et les esprits plus aventureux, plus ailés, plus remuants dans un cercle d'observations qu'ils entrevoient avec raison aussi grandiose que la sphère terrestre.

Les uns professent cette théorie que le bonheur ici-bas consiste dans la satisfaction de l'habitude régulièrement suivie, que l'existence sur un même sol, dans une demeure plaisante, au milieu de visages amis toujours les mêmes, en compagnie d'une femme qui a fixé le sentiment et éternisé l'amour, est l'idéal du sage ; que chercher ailleurs, c'est se remuer dans le vide et ne jamais se fixer, que c'est fuir la raison, la logique, se fuir soi-même et laisser l'ennui galoper à ses trousses. Ils ajoutent que l'imagination, cette vagabonde qui franchit les espaces par une télépathie merveilleuse, peuple nos rêves plus richement, plus superbement, plus chaudement que le souvenir de toutes les visions réelles cherchées dans les divers panoramas du globe ; ils concluent enfin en affirmant que l'homme ne voyage en général que pour avoir voyagé, c'est-à-dire par vanité vis-à-vis du prochain, et que, dans tous ces déplacements oiseux, ce que l'on gagne en expérience, on le perd en illusions, changeant ainsi son or en pièces de cent sous.

Les autres, non moins judicieux dans leur contre-parade, s'écrient avec un geste large que voyager, c'est réellement vivre, que c'est sortir de l'avilissante et despotique servitude de la vie usuelle, cesser de végéter et de s'abrutir dans un milieu qui forcément se provincialise. Ils se dressent et montrent les horizons lointains où l'on étudie, où l'on cherche, où l'on promène son rêve ; ils sont d'avis que mourir sans rien connaître et dégoûté de tout ce que l'on connaît est le fait d'une nature crétinisée par le manège journalier de la niaise et monstrueuse accoutumance à son coin d'élection, que c'est ressembler à un cheval de réforme, non à un homme divine-

ment doué, qui a des yeux pour voir au large et des oreilles pour ouïr tous les idiomes; ils émettent ce paradoxe que tout logis longtemps habité apparaît comme une sorte de prison cellulaire, que tous visages trop fréquemment contemplés irritent et deviennent odieux, que la régularité du repas, du coucher, du lever, les caractères identiques des plats qu'on ingère, des voisins qu'on aperçoit, le creux du matelas sur lequel on repose, constituent une existence écœurante et nauséabonde à laquelle il est urgent de se soustraire par la fuite, n'importe où, l'hiver en se rendant aux pays du soleil, l'été en parcourant les paysages ou les plages de toutes les contrées.

Ils partent en guerre, ces moineaux francs des migrations soudaines, contre la tautologie des imaginations sédentaires et l'uniformité des sensations encagées et stupidement homotones et concentriques; ils nous laissent entendre que tout dans la nature créée nous invite au voyage; la terre d'abord, qui nous entraîne dans sa course; la lune qui, sans cesse voyage autour de nous; les climats qui voyagent pour renouveler partout les saisons, et les oiseaux, et les insectes, et les germes, et la raison humaine, qui si souvent déménage pour avoir voyagé trop étroitement dans le même axe. Ils nous font comprendre que le voyage, c'est la révolte indignée de l'homme qui ne veut point mourir comme l'escargot et qui prétend pousser jusqu'aux colonnes d'Hercule et sonder tout le réalisable de la terre habitée. — Ils comprennent, à la rigueur, la vie stagnante à Paris durant six mois au plus, car ici tout

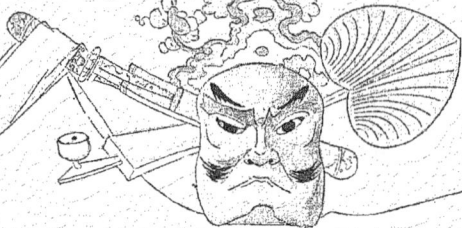

imprévu nous menace, toute l'Europe défile, toute la province afflue; nos heures de nuit et de jour y sont guettées par un inattendu toujours renouvelé; nos passions s'y affinent dans la variété de l'exquis et par un échange intellectuel introuvable partout ailleurs; nous y avons la sensation de l'emportement vertigineux, du hasard, de la curiosité renaissante, le libre laisser-courre de notre fantaisie et le détachement aimable et facile de toutes choses coutumières.

Mais, en province, l'état sédentaire, n'est-ce pas l'épaississement de son *soi*, la mort figurée dans la vie lourde, froide, minutieuse, observée, épiée et systématiquement étiquetée? n'est-ce pas l'ennui emprisonné dans un horizon gris, dans l'*in-pace* le plus glacial et le plus humide, où l'on agonise en écoutant au-dessus de sa tête psalmodier toutes les litanies de la calomnie? — *Le désert ou Rome,* disait saint Jérôme; la campagne solitaire, le voyage ou Paris, pouvons-nous dire aujourd'hui.

Dans cette controverse infinie entre les sédentaires et les voyageurs, j'avouerais, si l'on m'en priait, que toutes mes sympathies sont centre gauche, et que j'opine pour les derniers lorsque je pars et pour les premiers quand je reviens; les voyages n'étant faits, en réalité, que de départs et d'arrivées.

L'heure du déplacement, si tumultueusement agitée, si fiévreuse, si pleine d'ivresse dans le brouhaha des sentiments partagés entre l'affection de ceux qu'on laisse et le désir de l'absolue

indépendance qu'on se crée, est inoubliable et d'une intensité bien particulière; la vie prend une autre allure soudaine... Dès la veille, les amis nous ont serré la main, ponctuant les adieux du mot *veinard!* — les matrimoniaux ont ajouté à ce soupir d'envie la complainte des gens coffrés : *Profitez-en!... quand vous serez marié...* » Peu à peu le vide s'est fait, on a senti que tout allait renaître en soi et se métamorphoser, et cependant, à la dernière heure, le deuil de la maison close et obscure a pénétré dans notre être; puis la voiture chargée de malles a fui, et déjà nous étions plus léger. Dans le tumulte de la gare, dans la pullulation des partances, au bruit du sifflet des machines, des précipitations, de la prise d'assaut du train, au milieu de ce monde caractéristique des départs, un bien-être fait de détachement, d'abandon, d'oubli, de curiosité vague s'est établi en nous, et dès lors le transformisme psychologique du voyageur s'est trouvé opéré.

Il n'est point d'expressions, d'inventions, d'images humaines qui parviendraient à donner la note et à dépasser en variété, en vitesse, en légèreté ces premières sensations voyageuses tour à tour troublantes, sereines, inquiètes et mal éveillées, égratignées par le décollement de ce qu'on quitte et bienheurées par l'insouciance et l'imprévu d'une existence nouvelle; l'animal casanier et passif sent une torpeur l'envahir, tandis que chante le rêve de l'idéaliste et du chercheur dans l'indépendance des aperçus libres et des fantaisies incontrariables. Les heures passent brèves dans le rythme du bruit des roues qui orchestre nos pensées, et déjà nous voici au port où se

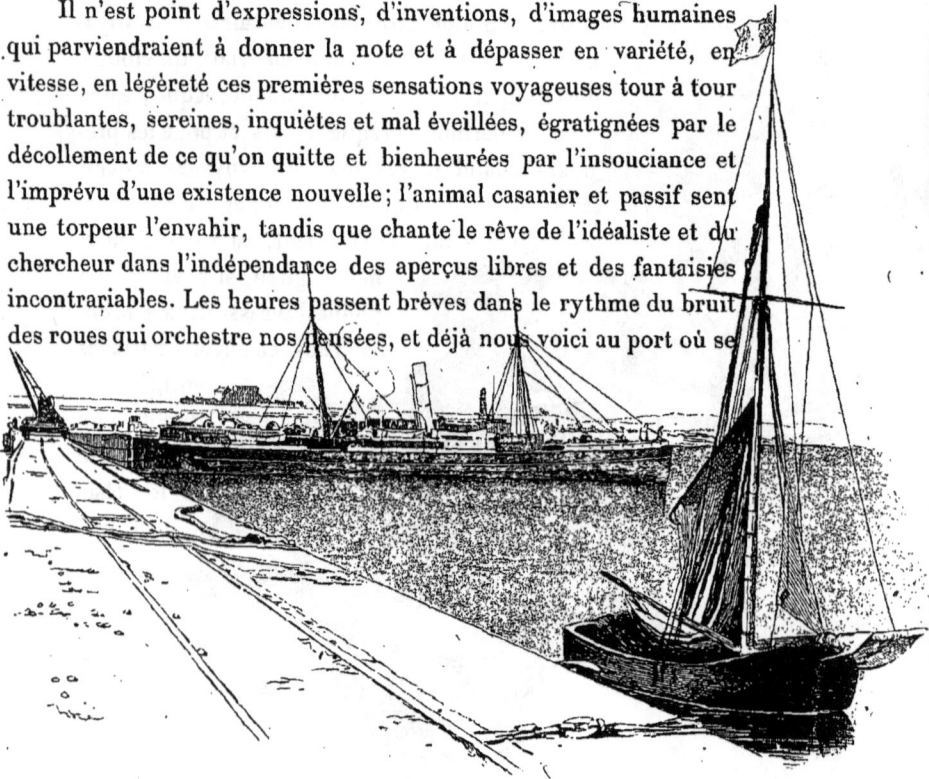

balance le paquebot qui nous conduira au pays d'Orient, loin de
cette terre que notre éduca-   tion nous fait aimer et que
bientôt, du large, nous   regarderons comme une
promise, d'un œil à la   fois gai et mélancolieux.
Le voyage estompe   peu à peu notre esthésie
normale faite d'affections   intimes enmurées dans la
vie de foyer, mais il déve-   loppe notre système im-
pressif physique, notre   intuition et notre récep-
tivité; nous devenons   moins sensibles et plus
sensitifs, la nuance existe;   notre aisthétère n'est plus
au cœur, mais à la vue et au   cerveau. Nous sommes agis-
sants et cependant moins volon-   taires que dans la sphère de nos
ambitions coutumières; nous nous dépensons moins, nous aban-
donnant aux rouages qui nous emportent et aux serviteurs qui partout s'emploient aussi ingénieusement qu'au pays des fées. Nous
n'avons qu'à nous laisser vivre, et c'est pourquoi le voyage est le
plus grand repos moral qu'il nous soit permis de désirer. De même
que dans un aérostat, nous planons sur les choses, ne sentant rien:
nous flottons dans l'espace, tout nous seconde et agit pour nous, un
bien-être profond fait d'indolence et d'oubli nous saisit; plus de
fâcheux, plus de tracas, plus de lutte; les choses, les mœurs, les
peuples, les paysages divers défilent sous nos regards et l'insouciance est notre lot, car tout s'offrira à nous dans l'inconnu du soir
et du lendemain. Las de voir, nous fermons les yeux pour regarder
en nous, dans cette usine de pensées dont la forge semble éteinte,
tant le nonchaloir et l'indifférence assoupissent notre notion de la
vie. Cependant l'air nous frappe et nous vivifie, balayant au passage
tous nos soucis passés, tous nos tracas d'avenir; la paix est profonde
dans notre âme où les chers absents apparaissent sous des formes
indécises, mais que notre optique intérieure entrevoit avec des sou-
rires mièvres, enveloppants, satisfaits de notre repos, de notre *non*

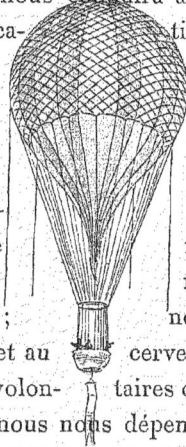

être voluptueux, de notre oubli momentané. Nous revoyons là-bas, là-bas, dans une brume tiède comme de la ouate, ces tendres affections dont nous nous sommes départis, et qui, dans leurs impatiences escomptent les tristesses esseulées du présent à la banque toujours ouverte des espérances, pour l'heure réconfortante du retour.

Mais le vrai voyageur ne se laisse pas longtemps attendrir par ces apparitions qui ne sont que la poésie ambiante de ses mœurs pérégrinantes ; le voyage égoïse ses fidèles, il délace les solidarités de cœur trop comprimantes, il relâche les liens, assoupit la passion et désaffecte les cultes idolâtres. — Le pérégrinateur par instinct, par vocation, par instabilité même, courtise l'existence en Don Juan d'inconstance, cueillant la sensation fugitive sans lui permettre de se transsubstantier en sentiment ; il marivaude, avec la fragilité de sa nature, dans l'errance de ses caprices ; aussi la versatilité de ses projets, sans cesse renouvelés, ne lui

permet point de laisser de Pénélopes en arrière, mais plutôt des
Arianes courtisées à toutes les escales de l'amour qui passe.

La vie le berce, et il arrive sans nulle fatigue dans les villes
roses et souriantes d'Orient, au milieu des blancs minarets, sous
des soleils radieux qui portent des ombres bleues et s'épandent de
toute part comme de l'or en fusion. Partout il est accueilli, l'étranger,
avec un empressement qui le délivre de tous soucis des choses
matérielles ; il débarque ; cent portefaix s'emparent de ses malles et
valises, vingt hôteliers se disputent sa personne, autant de drog-
mans sollicitent l'honneur de le servir ; partout il est fêté, sollicité ;
ses moindres désirs sont aussitôt réalisés ; il se peut croire grand
kalife de Bagdad ou Altesse Sérénissime voyageant avec apparat.

Les journées, pour lui, passent brèves, et il éprouve ce sentiment profond et assuré, ce sentiment si exquis d'être le maître
absolu du temps, de ne percevoir les heures que sereines, non avec
l'anxiété poignante du travailleur qui sent disparaître lourdement la
minute, non plus avec cette tristesse alanguissante et rêveuse de
l'amoureux et du philosophe, mais avec insouciance et allégresse.

Il se lève à son heure, sans
craindre les importuns ; il
déjeune à sa faim, n'ayant
d'autre chronomètre que son
appétit ; il est débarrassé de

ces odieux inquisiteurs de la domesticité européenne ;
il peut aller à sa fantaisie, sans subir le contrôle de
ces espions, se livrer au hasard, à l'imprévu, s'arrêter
où bon lui semble et transformer ses mœurs selon ses
rêves. Il lui est loisible de se faire mahométan, de
régner sur un sérail, de commander musiciens et
bayadères, sans que les convenances, l'étiquette et
l'opinion, ces duègnes inexorables, se dressent soudain
au-devant de ses caprices. Sa qualité d'étranger lui
donne tous droits, sa liberté lui laisse le pouvoir de
réaliser les plus invraisemblables folies. Sous ses pas,
les propositions de toute nature lui sont faites, et il se
laisse aller à cette conviction que l'Univers tout entier
est à vendre avec ses vices et ses vertus ; hommes et
femmes, peuples et villes lui apparaissent comme mis
à l'encan par la ruffianerie dont il est enveloppé.

Bien plus, si le voyageur est nourri de belles-
lettres, si, chez lui, l'imagination domine avec son
prisme évocateur et sa lumière transformatrice, il
pourra, ce cosmopolite, faire naître en soi
tous les avatars, être Hassan
à Stamboul, et Casanova à
Venise. Isolé dans un monde
dont il peut aisément s'ab-
straire et qu'il peut voir avec
l'œil qui lui convient, il lui

est aisé de faire revivre le passé, de peupler ces lagunes vénitiennes
avec la coloration extravagante des temps où *le Bucentaure* allait
épouser la mer, de revoir des fêtes étincelantes dans ce palais Pitti
et dans cette Florence aujourd'hui si morte, de laisser circuler des
tempêtes de guerre civile au milieu de cette Sienne conservée dans
sa beauté moyen-âgeuse comme dans un écrin, et de soupirer les
ardentes amours de Roméo dans la froideur de cette Vérone, qui
n'est plus qu'un tombeau historique, un mausolée d'Art disparu.

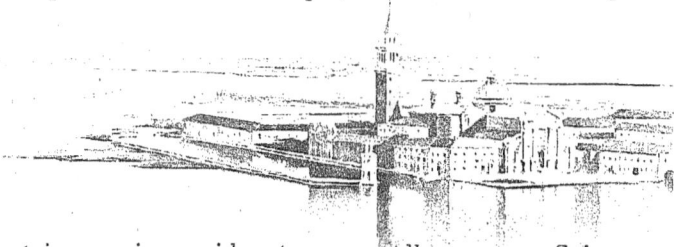

Montaigne, qui erra si longtemps en Allemagne, en Suisse, en
Italie, a délicieusement parlé du voyage : « Le voyage, dit-il, me
semble un exercice proufitable, l'âme y a une continuelle exercita-
tion à remarquer des choses inconnues et nouvelles ; je ne sache
point meilleure école à façonner la vie que de lui proposer incessamment la diversité de tant d'autres vies, fantaisies et usances, et
lui faire goûter une si perpétuelle variété de formes de notre nature.
Le corps n'y est ni oisif, ni travaillé, et cette modérée agitation le
met en haleine. La mutation d'air et de climat ne me touche point ;
tout ciel m'est un : je ne suis battu que des altérations internes que
je produis en moi ; et celles-là m'arrivent moins en voyageant. »

« J'estime, dit-il, ailleurs, tous les hommes mes compatriotes,
et embrasse un Polonois comme un François, postposant cette
liaison nationale à l'universelle et commune Nature qui nous a mis
au monde libres et déliés ; nous nous emprisonnons en certains des-
troits, comme les rois de la Perse qui s'obligeoient à ne boire

jamais autre eau que celle du fleuve Chospaez.... Par le voyage, je me dérobbe aux occasions de me fascher et me détourne de la connoissance des choses qui vont mal; et, si je ne puis faire qu'à toute heure je me heurte chez moi en quelque rencontre qui me déplaise, en voyage n'ai point ce souci et considère mes affaires de loin et en gros, et sentirois moins lors la ruine d'une tour que ne ferois à présent la chûte d'une ardoise. »

Montaigne possède sur cette question des pérégrinations, sur l'obligation maritale à voyager, sur le garrottage de l'habitude, des idées larges, supérieures, toutes tissées de ce bon sens élevé qui donne une si haute valeur à son œuvre. — Rien n'est plus curieux que de le voir corroborer nos pensées actuelles

sur ce sujet; on croirait que son esprit si intuitif a été *locomotivé*
à toute vapeur dans le cosmopolitisme de notre siècle.

Le voyage fait naître souvent en nous des sympathies durables
et singulièrement opposées, telles celles qui nous feraient choisir
pour résidence Londres ou Venise : *Deux extrêmes;* l'une, en raison
de sa vie affairée, tumultueuse, qui nous entraîne dans son rouage
de logique à outrance et nous fait sentir comme une odeur d'Univers, grâce à la formidable poussée et à l'abondance de son trafic
trans-océanien, lequel fait de cette ville géante l'entrepôt et le
marché du monde entier; l'autre, par sa mystérieuse poésie de ville
tapissée de superbes souvenirs et par l'alanguissement exquis
qu'elle met en notre âme, au seul bercement de ses gondoles, dans
le nonchaloir des promenades sur le grand canal.

Aucune autre ville ne nous donne au même degré ces sensa-
tions profondes, ni New-York, ni Berlin, ni Munich, ni Vienne, ni
Pétersbourg, et d'autre part — en comparaison de Venise — ni
Constantinople, ni Amsterdam, ni Dresde, ni Trieste, ni même
Nuremberg, cette perle fine de l'Allemagne, si richement envelop-
pée d'art et où nous aimons à retrouver intacte la chambre du grand

maître Albrecht Dürer, depuis le fauteuil jusqu'à la table sur laquelle s'élabora la figure de cette divine Mélancolie, qui règne encore grandiose dans la maison déserte.

Il convient de ne pas parler de la Suisse ni des montagnes tyroliennes, les membres du *Club alpin* n'étant point des voyageurs, mais de simples excursionnistes, gens d'altitude, mais non de longitude. La Suisse, pays antiartistique, ne semble avoir été créé par Dieu que comme un panorama destiné aux bourgeois retirés, qui aiment, pour tout horizon, les pains de sucre neigeux de la nature et les cahos et cataclysmes terrestres qui les mettent, bouche bée, en sensation d'inexprimable. Ils voient ce pays maniéré et hirsute, à travers leur imagination moutonnière, gavée de lectures du plus bas romanesque et surtout à travers cet opéra-comique, dont ils n'ont point de peine à retrouver les petites complaintes aussi bien dans les tabatières à musique et les tableaux-horloges que dans les orchestres d'hôteliers échelonnés à tous les étages des Alpes helvétiennes.

Les voyages ne se lient qu'à l'ethnographie et à l'observation de contrées peu connues ; voyager en Europe, ce n'est déjà plus voyager, car le fait de monter dans un *slee-ping car* pour se rendre à Varsovie ou à Pétersbourg, à Budapest ou à Bukarest, n'exprime point le

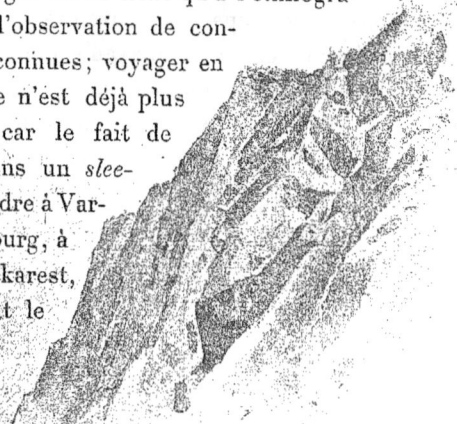

sens du voyage, dans l'idée antique du mot; c'est se déplacer, rien
de plus; sur notre continent sillonné de chemins de fer, qui, mieux
que les rivières de Pascal, sont des routes qui marchent et nous
portent où nous voulons aller, ce qui constitue le va-et-vient, le
changement de locomotion, l'imprévu des voyages tend, on en con-
viendra, à disparaître de plus en plus.

Partout déjà nous rencontrons même table d'hôte et même
cuisine, mêmes visages et mêmes conversations, et l'heure est
proche où l'uniforme de mœurs, d'idées de conventions, et de cos-
tumes s'imposera à tout l'univers, ce jour-là l'intérêt des voyages
aura, hélas! totalement disparu; on circulera dans l'homogénéité
des peuples avec un sentiment de monotonie accablante et il n'y
aura plus que les trésors et les merveilles de l'art rétrospectif qui
pourront encore nous soulever de notre siège pour nous entraîner
avec une poussée d'admiration curieuse vers les
splendeurs des villes mortes.

LES SPORTS

Le sport implique trois choses soit simultanées,
soit séparées : le plein air, le pari et l'application
d'une ou de plusieurs aptitudes du corps.

(CHAPUS.)

OUVRONS une encyclopédie au mot *sport,* nous y lisons
ceci : « Par le mot *sport,* dont l'équivalent n'existe pas
dans notre langue et dont la signification en anglais n'est
pas bien précise, on désigne une nombreuse série d'amusements,
d'exercices et de simples plaisirs qui absorbent une portion assez
notable du temps des hommes riches ou oisifs. Le sport comprend
les courses de chevaux, le canotage, la chasse à courre et à tir, la
pêche, le tir à l'arc, la gymnastique, l'escrime, le tir au pistolet et
à la carabine, la boxe, le bâton, la canne, la lutte, le jeu de paume,
le cricket, l'équitation, le patinage, la natation, en un mot tous les
divertissements qui mettent à l'épreuve les aptitudes diverses de
l'homme, le courage, l'agilité, l'adresse, la souplesse. En France,
on prend ce mot pour synonyme de turf, c'est prendre la partie
pour le tout. — Un sportsman n'est pas toujours un turfiste, et un
turfiste n'est pas toujours un sportsman. »

Voilà qui est fort bien ; mais le mot *sport,* introduit dans notre langue au cours de ce siècle, n'a été qu'une restitution un peu écornée du vieux mot français *desport* qui signifiait, dans les anciens fabliaux, se jouer, se divertir, se récréer, aux yeux mêmes de *sportfully* ou de *sportively* employé par nos voisins. Si je ne craignais même de m'attirer ici la sévérité de tous les graves étymologistes, j'ajouterais encore qu'il me conviendrait assez de faire dériver du mot *desport,* par corruption, le mot *dispos,* car rien ne rend plus dispos de cœur et d'esprit, rien ne nous fait plus sains, plus équilibrés, plus solidement gais que l'exercice progressif de nos muscles ; rien ne nous donne davantage la constatation de notre force et ne nous met plus virilement en sensation de vie et de courage.

La vie sportive, qui est largement comprise et organisée chez tous les peuples du nord et plus particulièrement en Angleterre, n'a pas encore pénétré dans les mœurs françaises très profondément, car les classes moyennes de notre nation sont assez rebelles aux exercices du corps savamment disciplinés, et, en dehors des vigoureux marins de nos côtes qui savent encore lutter brillamment dans des courses à la voile et des régates endiablées où chaque embarcation semble avoir une âme, le sport ne se

révèle guère que dans les hautes classes mondaines, où le bon ton, l'élégance et la distinction exigent pour ainsi dire que l'on soit quelque peu sportsman et sportswoman; que l'on « fasse du cheval » avec grâce, de l'escrime avec souplesse et maestria, et de la natation « honnêtement », ce dernier art étant plus particulièrement cultivé par la femme, en souvenir de Vénus Aphrodite et aussi par amour des nombreux amoureux de la forme.

La majorité des citoyens français se soucie médiocrement du sport; il est peu de pays qui comptent moins de cavaliers que la France; je n'entends point parler des *gentlemen riders,* mais des cavaliers par passion du cheval et de la promenade équestre. Depuis le premier Empire et la Restauration, l'amour de l'équitation s'est peu à peu effacé des mœurs françaises, et, tandis qu'en Autriche et en Hongrie, en Allemagne, en Angleterre et en Belgique, les coutumes chevalines se perpétuaient selon la longue tradition des âges, en France, elles disparaissaient lentement dès le milieu du siècle avec l'établissement des chemins de fer. L'équitation n'est plus ici qu'un luxe et le tiers de nos concitoyens de cette génération mourront sans avoir senti frémir un cheval fringant entre leurs jarrets. Les sports permanents clos, tels que la gymnastique, l'escrime et la boxe française comptent plus de fidèles ; la gymnastique surtout est éminemment nationale ; le maniement du trapèze, de la barre parallèle, des anneaux et des altères nous est professé dès le collège, juste le temps de nous préparer des muscles que nous avons l'impardonnable faiblesse de ne plus exercer au sortir de l'adolescence, et que nous laissons s'atrophier dans les dissipations de la vingtième année sans aucun souci de notre robustesse et aucune esthétique de nos formes plastiques.

Le tir nous séduit encore, pistolet ou carabine ; il y a là du bruit, de l'éclat, de la gloriole et une passivité relative ; l'œil et le doigt étant seuls en cause. Il nous plaît de faire mouche dans la poitrine d'un carton et de brûler cent cartouches dans le fracas des poupées pulvérisées ; la poudre nous monte à la tête et nous excite par sa griserie spéciale, nous percevons des tueries imaginaires qui nous donnent une assurance tout à fait conquérante, et puis il y a là dans cet œil cligné prestement, dans ce visé fin et ce coup de doigté résolu quelque chose d'une mathématique de la mort assurée en trois temps, qui, sans la moindre idée philosophique, nous amuse comme de monstrueux enfants que nous sommes.

Nous avons cependant trop de vieux sang latin dans les veines et trop d'indolentes couvaisons de rêves au cerveau pour nous régénérer physiquement dans les sports de plein air, sports d'été

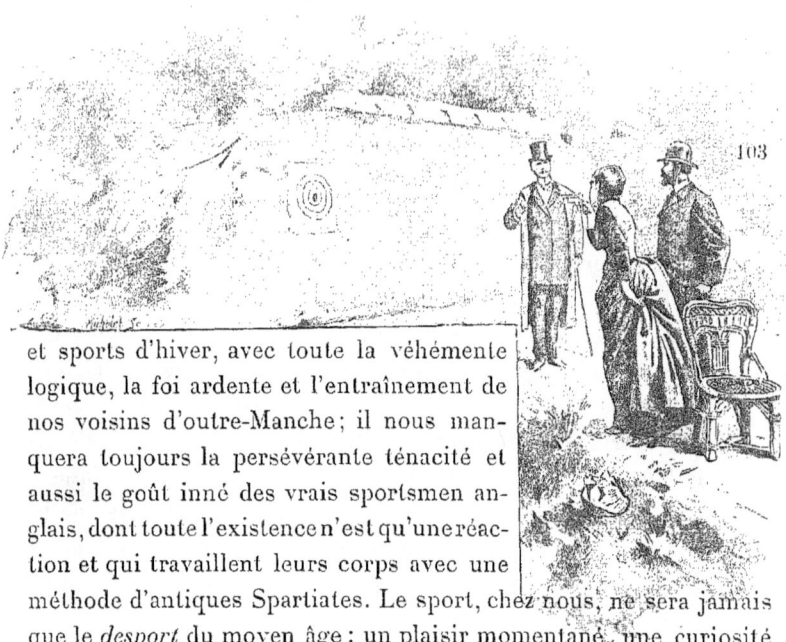

et sports d'hiver, avec toute la véhémente logique, la foi ardente et l'entraînement de nos voisins d'outre-Manche; il nous manquera toujours la persévérante ténacité et aussi le goût inné des vrais sportsmen anglais, dont toute l'existence n'est qu'une réaction et qui travaillent leurs corps avec une méthode d'antiques Spartiates. Le sport, chez nous, ne sera jamais que le *desport* du moyen âge : un plaisir momentané, une curiosité physique, une recherche de sensation sans suite, une récréation d'un instant; mais nous sommes vraiment trop athéniens de nature, trop discoureurs, trop chercheurs de lune en plein jour, trop déséquilibrés et trop amis de ce manque d'équilibre pour nous assujettir au labeur patient, à l'observation précise, à l'étude caractéristique et aux lois austères des grands sports réglementés. Nos journaux ne réserveront point dix colonnes à la rubrique de le *sporting intelligence* pour y narrer, dans l'intérêt d'un millier de lecteurs, les exploits de nos *pédestrians,* les brillants faits d'armes de nos chasseurs, les luttes héroïques de nos canotiers de Seine ou de Marne et tous les menus faits du Sporting-Life.

C'est tout au plus s'ils mentionneront en quelques lignes les *Rally-Papers* des officiers de l'armée, les carrousels si éminemment français, les courses gracieuses des *flots de rubans* et autres échos de mondanité sportive qui tiennent davantage aux élégantes distractions de la vie de château qu'au sport professionnel, lequel n'a point, il faut le dire, à nos yeux un attrait dominant.

Bien qu'à Paris, chaque division du sport ait son centre, son
établissement spécial, son club, ses écoles, ses règlements et ses
statuts, et alors même qu'on y enseigne toutes les théories et qu'on
y puisse acquérir toutes les sciences pratiques, il n'en est pas moins
prouvé que le sport en France n'est qu'à l'état d'exception et qu'il
est peu probable qu'il s'acclimate jamais dans nos mœurs. Ce qui
nous charme surtout dans les sports, ce n'est point tant la pré-
cision de leur art ou les bienfaits physiques
de leur exercice, c'est plutôt la parade, la
fantasia, l'élan, la crânerie de leur allure; nous
nous livrons d'autant plus à eux qu'ils nous
mettent davantage en représentation publique;
car, dans le cirque de nos vanités, nous
aimons à crever des cerceaux, à nous
gracieuser devant la galerie, et à re-
cueillir un murmure d'approbations
flatteuses qui émoustille et récompense nos efforts et notre émulation.

D'autre part, il est peu contes-
table que l'exercice corporel par en-

traînement violent et permanent ne soit pas au détriment de l'exercice intellectuel ; le sport ne doit être qu'un simple dérivatif, sous
peine de devenir un absorbant de toute la matière grise de notre
cérébralité. Il faut sinon opter entièrement entre la culture spiri-
tuelle et la culture physique, du moins accorder à l'une d'elles la
priorité. La vie est si lamentablement bornée, qu'il ne nous est
permis d'hypertrophier par l'étude pratique, jusqu'à son maximum
d'extension, qu'une seule portion des muscles du corps ou une
unique case du cerveau. — L'escrimeur proscrira la boxe qui nuirait
à la finesse de son jeu, le cavalier n'usera du canotage qu'à titre de
passe-temps, le joueur de paume se gardera du maniement des
poids comme d'un crime de lèse-agilité et le lutteur n'accordera à
la femme — l'amour sensuel tenant aussi du sport — que l'excédent
de sa force anormale. — Notre essence vitale, quoi que nous fas-
sions, n'a qu'une issue ; que nous la dépensions dans la fumée du
rêve, dans l'expression de l'art, dans l'emballement de l'idée ou par
fatigue physique, nous ne parviendrons jamais à la consumer
glorieusement ou noblement sans spécialiser son emploi. — Il est
nécessaire de fiancer sa vie à une passion exclusive, soit que l'on
se *centaurise* dans le culte du cheval, soit que l'on se *tritonise*
dans l'adoration de la mer ou que
l'on s'envoûte dans le mystère
de la pensée ; l'homme moderne
bien doué qui préfère être quelqu'un, au lieu de rester
quelconque ou quelque
chose, ne saurait
faillir à cette loi qui
veut que nous nous
donnions à une occu-
pation maîtresse.

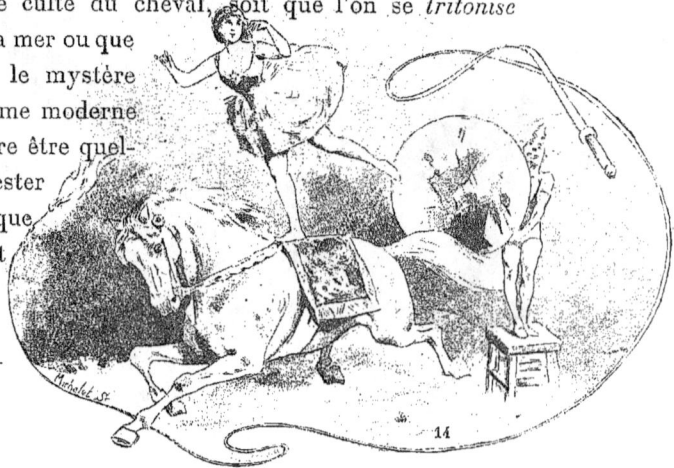

14

Il existe néanmoins des sports d'été, ou demi-sports indépen-
dants qui n'excluent point la muse de l'idylle, le chant de la rêverie, la lecture d'Horace et de Théocrite ; telles sont la pêche et la
chasse, plaisirs de carnassiers que nous parvenons encore à poétiser,
car le goût de la chasse n'est qu'un reste de l'état primitif de notre
sauvage barbarie et avant d'être une récréation, la chasse fut pour
l'homme, forcé de pourvoir à sa nourriture, une absolue nécessité.
Grimm est assurément trop pessimiste lorsqu'il écrit qu'il n'y a
point de plaisir moins digne d'un être qui pense que celui de la
chasse, car pour la majorité de nos braves Nemrods, l'art cynégé-
tique n'est souvent qu'un prétexte pour mettre en jeu les forces
physiques et pour muscler les jambes, ces piliers indispensables,
que les anciens nommaient les roues de l'intelligence. « Le chasseur
le plus positif, disait George Sand, cette
Rosa Bonheur littéraire de la vie rustique, le
chasseur le plus borné goûte un charme particulier dans le mystère des bois, dans l'indépendance absolue de ses mouvements, de ses
fantaisies, de ses haltes ; c'est son art, c'est sa
poésie à lui » ; et, en effet, la chasse, pour
cruelle qu'elle soit aux yeux du philosophe
chagrin, procure à l'homme une distraction
à la fois saine, noble, licite et morale par
l'enveloppante solitude dont elle
l'environne, par l'étude constante
de la nature à laquelle elle le
contraint, par les diverses facultés
qu'elle exerce et aussi, si ridicule
que cela puisse paraître, par
l'image de cette vie trop lentement
donnée, pour être sitôt ravie. Il

n'est point de chasseur, quelque grossier et endurci qu'il soit, qui n'ait senti un attendrissement singulier à la vue et au toucher de ses délicates victimes, encore pantelantes et tièdes, si brusquement surprises en leurs jolis ébats; la plupart ont éprouvé cette émotion muette qui faisait écrire à Boufflers, chasseur, ce joli billet à Mme de Sabran :

« Je suis un barbare, ma fille ; je viens d'une chasse aux petits oiseaux : j'ai tiré un grand coup de fusil, et du même coup j'ai tué deux charmantes tourterelles. Elles étaient sur le même arbre, se regardant, se parlant, se baisant, ne pensant qu'à l'amour, et la mort est venue au milieu de leurs yeux. Elles sont tombées ensemble sans mouvement et sans vie, la tête penchée avec une certaine grâce triste et touchante, qui aurait presque fait penser qu'elles aimaient encore après leur mort. Tout en les plaignant, je les enviais ; elles n'ont point souffert ; leur existence n'a point fini par la douleur ; leur amour n'a point fini par le refroidissement ; leurs pauvres petites âmes voltigent peut-être encore et se caressent dans les airs ;... tout cela donne beaucoup à penser. »

Il est peu de chasseurs amoureux qui n'aient sinon écrit, du moins pensé cette lettre, car à la chasse l'émotion, la tendresse, l'apitoiement, la philosophie vaguement larmoyante font un peu partie de l'équipage moral ; le chasseur se complaît à ces sensations troublantes ; il éprouve plus de perturbation qu'au jeu, son cœur bat plus fort dans un combat moins vil ; il sent la vanité de son inutile tuerie, mais il éprouve aussi la griserie étrange de son meurtre, griserie profonde qui l'agite, le remue en tous sens et lui suggère des soliloques transcendants et impressifs semblables à ceux des héros de Shakespeare.

Puis la chasse implique le chien, cet associé actif, dévoué, aimant et fidèle, ce compagnon si profondément honnête, cet unique ami sincère de l'homme, qui guette le départ du chasseur avec une telle mimique de joie pétulante et un mouvement de queue si expressif et bienveillant! — le chien, cet être toujours dispos, toujours caressant, attentif à nos moindres gestes, familier à notre humeur et à nos habitudes, le chien, qui est l'âme de la chasse, sait au cours de nos pérégrinations, en plaine ou en forêt, nous guider, nous intéresser, nous égayer, nous emplir d'une telle communauté de désirs, que nous en arrivons pour ainsi dire à dialoguer avec lui; c'est lui qui nous conduit avec son flair si sûr, son habileté et sa ruse; c'est lui qui nous anime, nous encourage et nous tient l'attention en éveil, car il est si impétueux, si alerte, si infatigable qu'il entraîne notre indolence et ne nous donne point le temps de constater notre fatigue. — La chasse à tir est un plaisir très vif, très pénétrant, très complet; elle excite en nous mille sensations contraires, très diverses et très absorbantes; elle nous assouplit, nous fortifie par la marche au grand air, au milieu de toutes les intempéries et à travers tous les terrains; elle nous familiarise avec l'usage des armes et nous donne à la fois la solidité et l'adresse : c'est là un sport d'automne goûté par les Français de toutes les conditions, et qui a pris aujourd'hui une place si considérable dans la nation

qu'il y aura peut-être bientôt, le braconnage aidant, plus de fusils que de gibier.

La pêche est, à vrai dire, un petit sport moins noble, un sport de contemplatif, de rêveur et de sournois ; le pêcheur à la ligne est généralement égoïste, maniaque, tatillon ; il apporte dans l'exercice de son goût des mœurs bureaucratiques, méthodiques, généralement mesquines ; il est patient par nature, sans avoir la vertu de la patience, qui est celle des impatients ;

— il recherche l'ombre, la solitude et affecte des manières désagréables et hargneuses vis-à-vis de quiconque le trouble dans ses petites manœuvres lentes, mesurées et minutieuses.

— Le pêcheur à la ligne est rarement gai ; il reste muet comme la carpe qu'il guette. C'est le sport des ventrus.

Parmi les sports qui entrent le plus dans le génie de notre race, par tradition et par allure de bravoure, l'escrime, que nos aïeux qualifiaient de *noble science*, est au premier rang. — Les maîtres d'armes, en France, jouissent d'une considération aussi complète que les *lanistes* chez les Romains. L'art de l'escrime est cultivé de tous côtés, à Paris ou en province, dans la vie civile et au régiment ; et, bien qu'il n'exerce qu'une partie de notre corps, il nous donne à la fois du maintien, de la grâce et de la souplesse. L'École française d'escrime est supérieure à toute autre par sa méthode logique, sa clarté et son esprit de synthèse ; l'école des gammes, de Jean Louis, qui dès le début de la Restauration donna un tel regain de succès à l'enseignement de l'escrime, contribue à former les « meilleurs fleurets » du monde, et, à l'heure actuelle, les salles d'armes françaises sont en pleine prospérité, grâce à l'entrain général de nos contemporains qui n'ont heureusement point perdu le culte endiablé du noble jeu de l'épée ni le goût des brillantes passes d'armes qui res- tent encore comme les derniers vestiges des tournois antiques.

L'escrime longuement pratiquée, en nous donnant la conscience de notre force, ne nous pousse point à des combats singuliers ou à des provocations inconsidérées ; elle nous assure au
contraire dans notre sang-froid et notre modération lors des .alter-
cations soudaines, car nous pouvons constater mûrement la vanité
des rencontres futiles, et, retranchés dans notre science en la
matière, peser sagement le poids de la vie humaine, et, par là
même, décliner sans lâcheté un duel trop légèrement motivé.

Parmi les sports de création moderne, l'exercice du vélocipède
— *bicycle* et *tricycle* — prend chaque jour plus d'extension parmi
nous. Les Anglais, ici, sont encore nos maîtres cependant, et nous
ne voyons point, comme aux environs de Londres, des clubs de
velocemen en sortie, faisant sur nos routes un long ruban de plus
d'un mille composé de plusieurs centaines de vélocipédistes des
deux sexes. — Le vélocipède nous familiarise avec les lois de
l'équilibre corporel, il exerce activement le triceps crural et il
donne à ses fervents des sensations d'envolées qui tiennent de
la puissance du rêve. Le vélocipède, chaque jour perfectionné, peut
être compté au nombre des sports d'avenir, et son intérêt pratique
apparaît si immédiat, pour le plaisir de la promenade et des
voyages, qu'il est permis de penser que le siècle prochain sentira
toute l'omnipotence de ce sport rayonnant.

Le canotage et la navigation de plaisance constituent un sport
de plein air délicieux, mais réclame de ses adeptes des connais-

sances et une passion très exclusives. Si on l'exerce avec autant
d'ardeur que les membres des universités de Cambridge et
d'Oxford, il est même nécessaire de se soumettre à un régime dont
la plus stricte continence forme la base ; tout excès devient interdit
sous peine de déchoir ; il faut se soumettre ou abdiquer si l'on veut
conserver sa force, sa souplesse, son haleine et rester un homme
d'aviron dans toute la noblesse de l'expression. Les *Rowers* anglais,
sous ce point, sont les premiers du monde. Les *Rowing-clubs* et les
Sailing-clubs ne se nombrent plus en Angleterre.

Le canotier français et belge est un peu un *balladeur ;* il ne pratique point son sport d'élection en silence avec la conviction et la
religiosité des hommes du nord, il aime à rire dans ses courses en
haute et basse Seine ou sur la Meuse, et même à plaisanter les
riverains ; il fait escale dans les guinguettes, il aborde sous les
saules des petites îles pour folâtrer, il se réjouit à l'odeur des
fritures et des omelettes au lard et il s'attable volontiers à terre dans la torpeur de ses digestions,
sous la tonnelle d'où s'échappent ses chansons
et sa gaieté bruyante. — Quant au
yachtman, c'est un gentleman
correct et puis-
samment riche
qui aime à pro-
mener son ennui
dans une prison

mouvante où il n'agit par lui-même qu'à titre de capitaine hono-
raire. Il règne sur un chef.de cuisine, sur plusieurs domestiques et
une petite équipe à l'année. Il prend possession de son bord avec
joie et le quitte avec un dégoût de tristesse, aussi voit-on peu de
yachtmen français demeurer plusieurs années de suite possesseurs
de leur bateau de plaisance sans passer la main à quelque autre
millionnaire à la recherche d'un plaisir distingué, qui essayera du
yachting juste le temps d'y éprouver son vide et son inutilité.

Le sport le plus exquis, le plus charmeur, le plus en rapport
avec notre esprit de lutte et d'indolence, le mieux fait peut-être
pour l'homme de rêverie, c'est la natation en pleine mer, dans les
mouvantes vallées des flots aux reflets d'azur et d'émeraudes. Il
y a dans le bercement de la mer une ivresse profonde, un charme
troublant, un bien-être *amphibique* que, seuls, peuvent comprendre
les forts tritons qui gagnent le large, loin des cohues des plages, où
les petits baigneurs qui flottent autour du ponton font des commérages de canes et de canards. — Aller au loin à travers les cimes
frangées d'argent des vagues, se faire caresser par la houppée du flot,
se coucher sur la densité de ce divan moelleux, le regard emparadisé
dans l'infini du ciel, rêver dans cette immensité en se sentant un
corps rajeuni par cette onde réconfortante, qui est comme l'eau
de Jouvence de l'Univers, c'est vivre à pleins poumons, c'est jouir
dans la force, c'est glisser dans un monde nouveau, c'est, enfin, se
mouvoir sans porter ni sentir le poids de son humanité charnelle.

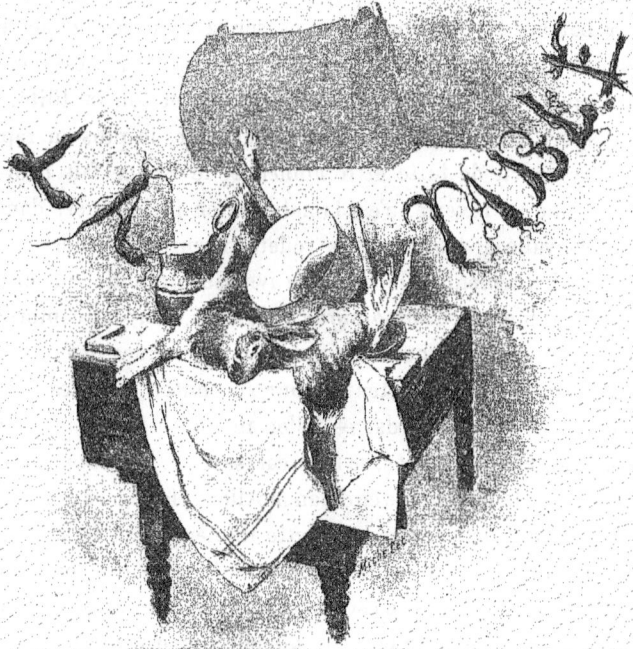

LA TABLE

Le plaisir de la table est particulier à l'espèce humaine.

(Brillat-Savarin.)

On est gourmand comme on est artiste, comme on est instruit, comme on est poète.

(Guy de Maupassant.)

D E l'avis des maîtres gastronomes, l'art alimentaire est un champ d'une vaste étendue et dont l'horizon se recule sans cesse devant tout homme qui en fait l'objet de ses études sérieuses et de ses profondes méditations. A entendre les *Classiques de la Table,* cet art qui embrasse les trois règnes de la Nature, les quatre parties du monde, toutes les considérations morales, tous les rapports sociaux, cet art, enfin, auquel tout se rattache d'une manière plus ou moins directe, plus ou moins rapprochée, ne paraît superficiel qu'aux esprits mesquins, qui ne voient dans une cuisine que des casseroles, et des plats dans un dîner.

Cet art gastronomique, dont Alexandre Dumas, Rossini, le baron Brisse et Monselet furent les derniers représentants, semble quelque peu abandonné sur la fin de ce siècle; le Parisien ne paraît attacher que très peu de prix aux invitations nutritives, le vrai gourmand s'efface; chacun ne se préoccupe que de son estomac et

pèse ses aliments, la thérapeutique est en passe de détruire complètement la gastronomie. — En Allemagne, en Angleterre, en Belgique
surtout, et dans nos provinces françaises, la table est toujours fêtée
largement et l'on y fait chère si rabelaisienne, que le souvenir de
Gargantua semble s'éjouir devant ces plantureuses agapes. En province, un grand dîner est considéré comme une affaire d'État; on
s'en préoccupe deux mois à l'avance et le menu en est si bien com-
pris que la digestion en dure au moins six semaines. Mais le Parisien
affairé, dominé par l'action de son esprit, ne peut accorder ni le
même temps à son repas, ni la même latitude à sa digestion; il ne
lui est point permis de se gaver comme un boa et de subir durant
de longues heures la torpeur de son entripaillement. Le Parisien
est sobre comme un Turc; il se délicate et se nourrit de blanc-
manger comme les Muses, il cultive la friandise, s'inquiète de la
perfection du café, du fondant de l'entremets, de la finesse des
liqueurs; mais il évite la goinfrerie, sachant souvent par mémo-
rable expérience que le ventre est le plus
grand de nos ennemis. Au demeurant, il
n'est point gastronome et préfère, à table,
les aimables plaisirs de l'esprit aux
sensations de
la déglutition
raffinée.

La gastronomie a cependant été chantée sur tous les modes. « C'est, dit Monselet, la joie de toutes les situations et de tous les âges. Elle donne la beauté et l'esprit, elle saupoudre d'étincelles d'or l'humide azur de nos prunelles, elle imprime à nos lèvres le ton du corail ardent, elle chasse nos cheveux en arrière, elle fait trembler d'intelligence nos narines, elle donne surtout la mansuétude et la galanterie.

« S'attaquant à tous les sens à la fois, elle résume toutes les poésies : poésie du son et de la couleur, poésie du goût et de l'odorat, poésie souveraine du toucher. Elle est suave avec les fraises des forêts, les grappes des coteaux, les cerises agaçantes, les pêches duvetées ; elle est forte avec les chevreuils effarouchés et les faisans qui éblouissent, elle va du matérialisme le plus effréné au spiritualisme le plus exquis, de Pontoise à Malaga, de Beaune au Johannisberg ; elle aime le sang qui coule des levrauts et l'or de race, l'or pâle qui tombe des flacons de Sauterne. »

L'histoire de la gastronomie serait un peu comme celle de l'amour, l'histoire de l'humanité, car sur le livre d'or des gourmets célèbres, on peut relever les noms les plus singuliers : Sardanapale, Héliogabale, Lucullus, Cléopâtre, Pétrone, Tibère, Balthazar, Anacréon, Apicius, Vitellius, Martin Luther, l'empereur Julien, saint Grégoire, Plutarque, l'empereur Géta, le chevalier Mécène, le pape Sergius IV ; Hippocrate, qui remplaçait la purgation par l'indigestion ; Xénophon, le législateur des banquets ; Caton, Louis le Gros, François Ier, Henri IV et Louis XIV, le régent Philippe d'Orléans, le maréchal de Richelieu, père des mayonnaises ; Bouret, fermier général, et son collègue La Popelinière ; Henri VIII, roi d'Angle-

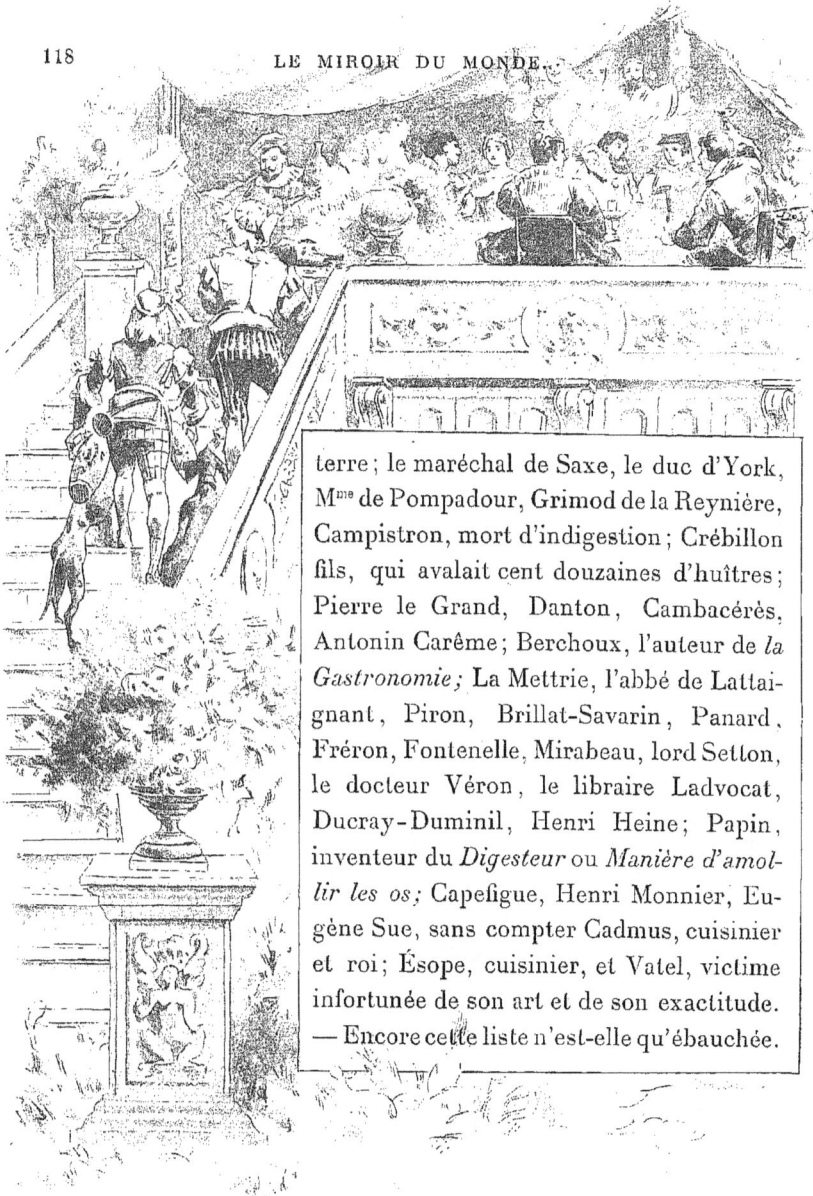

terre; le maréchal de Saxe, le duc d'York, Mᵐᵉ de Pompadour, Grimod de la Reynière, Campistron, mort d'indigestion; Crébillon fils, qui avalait cent douzaines d'huîtres; Pierre le Grand, Danton, Cambacérès, Antonin Carême; Berchoux, l'auteur de *la Gastronomie;* La Mettrie, l'abbé de Lattaignant, Piron, Brillat-Savarin, Panard, Fréron, Fontenelle, Mirabeau, lord Setton, le docteur Véron, le libraire Ladvocat, Ducray-Duminil, Henri Heine; Papin, inventeur du *Digesteur* ou *Manière d'amollir les os;* Capefigue, Henri Monnier, Eugène Sue, sans compter Cadmus, cuisinier et roi; Ésope, cuisinier, et Vatel, victime infortunée de son art et de son exactitude.
— Encore cette liste n'est-elle qu'ébauchée.

La gastronomie peut devenir une passion absorbante, primant toutes autres sensations, et Grimod de la Reynière nous conte, dans ses *Almanachs des gourmands,* qu'un disciple d'Apicius s'avisa un jour d'établir un parallèle entre les femmes et la bonne chère.

« Posons les principes, disait-il ; vous conviendrez d'abord que les plaisirs que procure la table sont ceux qu'on connaît le plus tôt, qu'on quitte le plus tard et qu'on peut goûter le plus souvent. Or pourriez-vous en dire autant des autres ?

« Est-il une femme tant jolie que vous la supposiez, fût-elle une demoiselle Weimer ou une dame Récamier, qui puisse valoir ces admirables perdrix de Cahors, du Languedoc ou des Cévennes, dont le fumet divin vaut mieux que tous les parfums de l'Arabie ? La mettrez-vous en parallèle avec ces pâtés de foie gras ou de canards auxquels les villes de Strasbourg, de Toulouse et d'Auch doivent la plus grande partie de leur célébrité ? Qu'est-elle auprès de ces langues fourrées de Troyes, de ces mortadelles de Lyon, de

ce fromage d'Italie de Paris ou de ces saucissons d'Arles ou de Bologne qui ont acquis tant de gloire à la personne du cochon ? Pouvez-vous mettre un joli petit minois bien fardé, bien grimacier, à côté de ces admirables moutons des Vosges ou des Ardennes qui fondent sous la dent et deviennent un manger délectable ? — Quel est le gourmand assez dépravé pour préférer une beauté maigre et chétive à ces énormes et succulents aloyaux de la Limagne ou du Cotentin, qui inondent celui qui les dépèce et

font tomber en pâmoison ceux qui les mangent ? — Rôtis incomparables ! c'est dans vos vastes flancs, sources de tous les principes
vitaux et des vraies sensations, que le gourmand va puiser
son existence, le musicien son talent, et le poète son génie
créateur. Quel rapport pouvez-vous établir entre cette
figure piquante, mais chiffonnée, et ces poulardes de Bresse,
ces chapons du Mans, ces coqs vierges du pays de Caux,
dont la finesse, la beauté, la succulence et l'embonpoint
excitent tous les sens à la fois et délectent merveilleusement
les houppes nerveuses et sensitives de tout palais délicat ? »

Ainsi ce paradoxal gourmand, aux appétits un peu
vulgaires, fait-il défiler toutes les richesses alimentaires
de notre France et de l'étranger, pour parvenir à cette conclusion que les jouissances que procure la bonne chère
à un riche gourmet doivent être mises au premier
rang, que ces jouissances sont infiniment plus pro-
longées que celles qu'on goûte dans l'infraction
au sixième commandement de Dieu, qu'elles
n'amènent ni langueurs, ni dégoûts, ni craintes,
ni remords, que la source s'en renouvelle sans
cesse, sans jamais s'épuiser ; que, loin d'énerver
le tempérament ou d'affaiblir le cerveau, elles
deviennent l'heureux principe d'une santé
ferme, d'idées brillantes et de vigoureuses sensations. Que penser de ce goinfre dyscole, pour
lequel la gastronomie, en tant que passion exclusive, est l'idéal d'une vie bien remplie ? au lieu
d'enfanter des regrets, de disposer à l'hypo-
condrie, et de finir par rendre un
homme insupportable à soi-même et
à autrui, on lui doit, dit-il, cette face

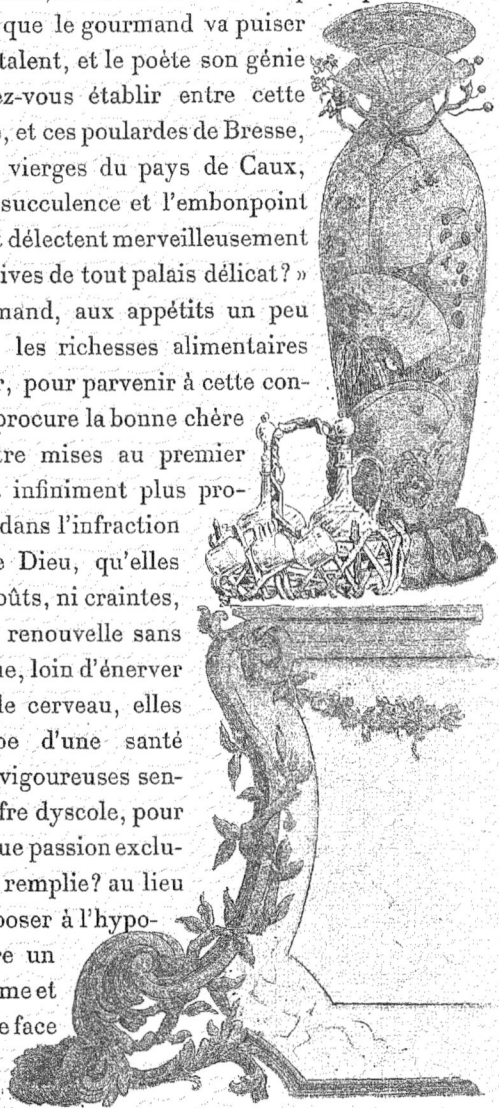

de jubilation, ce cachet distinctif de tous les enfants de Comus, bien différente de ce visage pâle et blême qui est le masque ordinaire des amoureux transis.

Le gourmand est en effet assez fréquemment misogyne et profondément égoïste; on le voit, s'invitant comme Lucullus à sa propre table, goûter avec une volupté paradisiaque aux victuailles qu'il se fait servir; on le sent absorbé dans sa mastication dégustative, tout en conversation interne sur la qualité de ce qu'il ingère, indifférent aux choses extérieures, tantôt incliné sur son assiette, tantôt renversé en arrière, les lèvres grasses et souriantes, l'œil pétillant, monstrueusement heureux dans sa solitude volontaire. Le gourmand porte toujours sur le visage le stigmate de sa sensualité égoïste, que ce soit le Chinois préparant son thé, l'Arabe dégustant son riz, l'Italien humant son macaroni ou l'Anglais ingurgitant son pudding, il y a toujours chez tout amoureux de son ventre une expression particulière pleine de bonhomie, mais aussi empreinte d'un je ne sais quoi qui marque la personnalité absorbante, infuse, intéressée, pleine d'une subjectivité gastrique. « L'âme d'un gourmand, disait J.-J. Rousseau, est toute dans son palais; il n'est fait que pour manger : dans sa stupide incapacité, il n'est à sa place qu'à table; il ne peut juger que des plats, laissons-lui cet emploi. »

D'après le dictionnaire de l'Académie, le mot Gourmand est synonyme de goulu et de glouton; mais tous les gastrolâtres protestent contre cette acception; il leur semble que cette définition n'est pas rigoureusement exacte et que l'on doit réserver les épithètes de glouton et de goulu pour caractériser l'intempérance et l'insatiable avidité. Selon les physiologistes du goût... et par suite de la goutte, le terme

16

de gourmand mérite de recevoir dans le monde poli une acception beaucoup moins défavorable et aussi beaucoup plus noble. A leur dire, le gourmand n'est pas seulement l'être que la nature a doué d'un excellent estomac et d'un vaste appétit, — tous les hommes robustes et bien constitués étant dans ce cas, — mais c'est bien au contraire celui qui joint à un estomac, parfois même médiocre, le goût éclairé dont le premier principe réside dans un palais singulièrement délicat, mûri par une longue expérience. Tous les sens, affirment-ils, doivent être, chez le gourmand dans un constant accord avec celui du goût, car il faut qu'il raisonne judicieusement ses morceaux avant même de les approcher de ses lèvres. C'est dire assez que son coup d'œil doit être pénétrant, son oreille alerte, son toucher fin et sa langue capable.

Ce serait une erreur de croire, ajoutent-ils, que cette attention continuelle que doit porter un gourmand sur toutes les parties de l'art alimentaire, vers lequel ses sensations sont exclusivement dirigées, en fasse un homme matériel et borné ; il a plus que tout autre des ressources pour se rendre aimable et se faire pardonner par les hommes sobres, assez ordinairement envieux, la supériorité de son goût et de son appétit. — L'abbé Roubaud, dans ses *Synonymes,* est tenté de ranger du côté des gastronomes, car il daigne comparer le goinfre, le goulu, le glouton et le gourmand. Selon son sentiment, « le gourmand aime à manger et à faire bonne chère ; il faut qu'il mange, mais non sans choix. Le goinfre est d'un si haut appétit ou plutôt d'un appétit si brutal, qu'il mange à pleine bouche, bâfre, se gorge de tout assez indistinctement, avale

plutôt qu'il ne mange; le goulu ne fait que tordre ou avaler, comme on dit; il ne mâche pas, il gobe; il se gave et *s'empiffre*. Le glouton court au manger et mange avec un bruit désagréable et avec tant de voracité qu'un morceau n'attend pas l'autre et que tout a bientôt disparu devant lui; il engloutit, on le dirait du moins. »

D'autres philologues distinguent encore entre le gourmand et le friand, donnant à celui-ci toute la science et tout le tact qu'ils refusent à celui-là. Les dissentiments éclatent de toute part également sur la question du choix des aliments; les uns estiment, avec Helvétius, dans son livre *De l'Esprit,* que l'homme est un animal essentiellement carnivore; les autres pensent, avec J.-J. Rousseau et Lamartine, que l'homme qui se nourrit de chair est un animal dépravé; d'aucuns sont végétariens, d'autres buveurs d'eau, et la généralité s'accorde sur ce point que l'homme est omnivore, qu'il peut également choisir ses aliments parmi les substances animales et végétales, que tout ce qui lui plaît, convient à son organisation et que cette heureuse faculté, véritable don de la nature, peut à peine être modifiée par l'influence du climat, des mœurs et des usages.

Cabanis observe que, dans les pays où la classe indigente se nourrit d'aliments grossiers, l'intelligence est plus obtuse, et tous les voyageurs tombent d'accord que, parmi les peuplades sauvages, dont aucune institution politique n'a modifié les mœurs, celles dont la principale nourriture est la chair ont plus d'intelligence et d'activité que les tribus qui se nourrissent uniquement de végétaux.

L'art culinaire déjà si délicat, si varié dans les soupers et les *ambigus* du XVIIIᵉ siècle, a marché rapidement vers son apogée à dater de l'établissement du régime constitutionnel en France. Dès 1815, après l'affaiblissement de plus de vingt années de troubles, de guerres et de conquêtes, on sentit le besoin de se refaire un sang moins anémié, et la Restauration mérita son nom dans l'opinion de tous ceux qui affirmaient que les grandes pensées viennent de l'estomac. La gastronomie eut alors de véritables jours de gloire, et les promenades gourmandes dans Paris purent être marquées par d'étonnantes étapes; les Véry, les Frères provençaux, le Café anglais, le Café Corazza, Véfour, Carchi, le Rocher de Cancale, le Bœuf à la mode, Bignon, Le Doyen (à la place Louis XV), Magny, les Quatre Sergents de la Rochelle et vingt autres restaurateurs et restaurants acquirent une juste célébrité dans une population de gourmets raffinés dont le type tend à disparaître.

Lorsque parfois nous nous égarons aujourd'hui dans un de ces vieux restaurants solitaires du Palais-Royal, nous y sentons la solennité des anciennes agapes; on dirait que l'âme des gourmets d'autrefois hante encore ces salles recueillies, lambrissées de panneaux blanc et or, avec leurs rideaux à mi-vitre et leurs meubles d'acajou marquetés à la hollandaise. Tout y est grave, pompeux, cérémonieux et imposant, depuis la caissière majestueuse sous ses bandeaux plats d'antique beauté, qui officie à coups de timbre magistraux, jusqu'aux majordomes et au sommelier, qui portent haut la dignité de leurs fonctions. — Rien de plus froid, de plus gris, de plus morne, pour nous autres modernes qui sabrons nos repas à toute vitesse avec l'accoutumance des buffets et la prestesse de notre vie agitée — mais remarquez que toute la

province, qui vient beaucoup à Paris pour le ventre, afflue en famille dans ces « bonnes maisons » de vieille marque et si pleines de respectabilité qu'on y chuchote plutôt qu'on y cause dans un silence où bruinent la tristesse et le ranci des choses mortes.

Ces anciens restaurants parisiens, bâtis et ameublés pour la lente mastication savoureuse, pour le culte de la gourmandise, pour le travail paisible de la digestion, nous expriment aujourd'hui par leur vue seule, plus que tous les discours, la singulière révolution qui s'est produite dans nos mœurs depuis cinquante ans. Évidemment le plaisir de la table s'est transformé ; on ne le goûte plus avec autant de componction et de jouissance silencieuse; on s'inquiète moins de ce que l'on absorbe et on discute avec plus d'indifférence la théorie des recettes culinaires; on ne se dit plus, comme il y a un demi-siècle, que la cuisine, de même que la comédie, doit se conformer aux règles d'Aristote, et que la journée d'un gourmand n'est autre chose qu'un vaste repas; qu'elle doit avoir son exposition, son nœud, son dénouement, et se diviser en trois actes suprêmes : le déjeuner, le dîner, le souper.

Il n'y a plus que dans nos vieilles provinces, où la règle aristotélienne est encore mise en pratique, que les trois repas emplissent toute l'esthétique de la journée.

Durant toute la première partie de ce siècle, on eut la dévotion de la table, on érigea l'art culinaire en véritable culte, on déjeuna comme si on ne devait pas dîner et on dîna comme si on n'avait pas déjeuné; la table mit en mouvement le vaste rouage des affaires; la politique, la littérature, la galanterie et le commerce eurent besoin de son concours, — point de nominations, point de promotions, point d'affaires ni de conquêtes

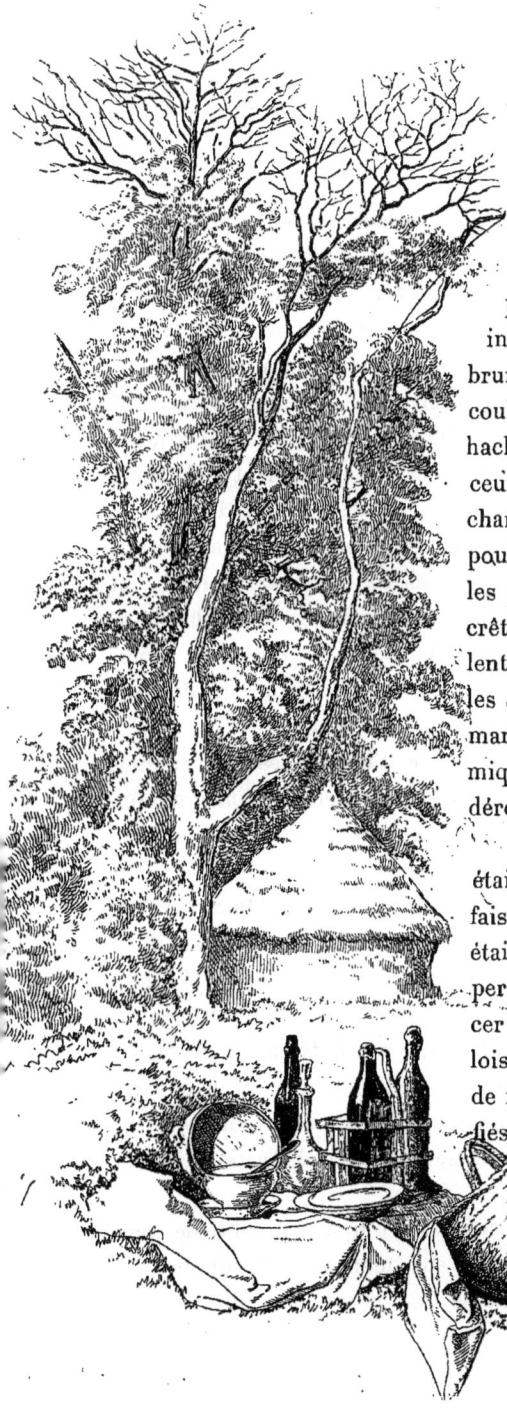

sans la table; les Amphitryons et les Alcmènes ne furent jamais mieux fêtés ni plus couverts d'honneurs, la magistrature se distingua par sa belle tenue à table et plus d'un ministre se popularisa par sa gourmandise. — On inventa les dîners blonds et les dîners bruns, ceux-ci composés de ragoûts de coulis, de civets, de compotes au roux, de hachis, de hochepot et cent autres mets; ceux-là combinés savamment avec les Béchamels, les quenelles, les fricassées de poulets, les émincés aux concombres, les pâtés au suprême, les grenadines aux crêtes et une foule d'autres plats raffinés et lentement médités qui savaient concilier les appétits des dîneurs classiques et romantiques, d'après cette morale gastronomique : « En toutes choses il faut considérer la faim. »

Les prérogatives de l'amphitryon étaient alors fixées par des règles qui en faisaient le roi de la table; ses charges étaient complexes et consistaient à découper et à servir les pièces notables, à exercer avec une rigueur tout écossaise les lois de l'hospitalité, à veiller en bon père de famille au bien-être des estomacs confiés à sa sollicitude, à rassurer surtout les timides, à encourager les modestes, à provoquer gaillardement les vigoureux. La police de la table

lui appartenait; il ne devait jamais souffrir une assiette ou un verre ni vide ni plein, ne jamais hasarder un mot douteux, s'appliquer à faire briller à tour de rôle l'esprit et l'enjouement de ses convives, en ayant eu soin au préalable de disposer les voisinages d'après l'observation du caractère de ses hôtes. Le toast lui était exclusivement réservé, et aucun poltron ne devait se soustraire à l'obligation de vider son verre à chaque nouveau toast. Parmi les codes qui régissaient la France, on y avait joint le *Code gourmand,* basé sur cette idée que la Gastronomie était la reine du monde, l'amie des aristocraties, l'alliée des républiques, le soutien des États constitutionnels, et qu'au milieu de tous les bouleversements successifs de la civilisation, sa puissance avait grandi à tel point, — dominant toutes les autres, — qu'il était urgent d'asseoir les attributions de cette souveraine cosmopolite sur un code fixe et immuable.

La méditation première était : « L'homme est un sublime alambic. — Les sensations, les actes, les passions, l'imagination, tout enfin, dans l'admirable appareil que l'on nomme corps, concourt à un but unique : la Digestion ! »

« Brillat-Savarin a justifié par parti pris les goûts des gastronomes, écrivait l'auteur du *Cousin Pons;* mais peut-être n'a-t-il pas assez insisté sur le plaisir que l'homme trouve à table — la digestion en employant les forces humaines constitue un combat intérieur, qui, chez les gastrolâtres, équivaut aux plus hautes jouissances de l'amour; on sent un si vaste déploiement de la capacité vitale, que le cerveau s'annule au profit du second cerveau placé dans le diaphragme et l'ivresse arrive par l'inertie même de toutes les facultés. »

Aujourd'hui à Paris nous comptons toujours nombre de gourmands, capables d'analyser sur eux-mêmes cette observation Balzacienne; mais les gourmets se font assurément plus rares, le

goût et la science de la cuisine disparaissent sous les efforts de
la chimie envahissante et aussi par une sorte de vague épeurement
des convives que les efforts de certaines méthodes médicales portent
aux noblesses de la sobriété. On ne s'aventure plus franchement
dans la dégustation de tous les services, on s'observe, on craint
les représailles de la digestion et on met quelque peu son estomac
en interdit. — La *Physiologie du goût* est délaissée, et du train
dont vont les choses, grâce au charlatanisme des médecins épris
des théories de la mode, grâce à la droguerie sous toutes les espèces, grâce aussi aux industries de panacées universelles sans cesse
croissantes, il ne serait pas étonnant qu'un fin lettré — s'il en
reste quelques-uns au xxᵉ siècle — s'avisât de publier le véritable
livre susceptible de séduire ses contemporains, à savoir : LA
PHYSIOLOGIE DU DÉGOUT, *Méditations de cacositie transcendante*,
ouvrage théorique, historique et à l'ordre du jour, dédié aux
précieux dyspeptiques parisiens.

La Reverie

LA RÊVERIE

La Pensée est le labeur de l'intelligence,
la Rêverie en est la volupté.

(VICTOR HUGO.)

SAINT FRANÇOIS DE SALES, parlant des rêveries et des visions, remarque à bon droit que la femme est généralement plus portée que l'homme aux extases cérébrales : « La facilité et la tendreté de l'imagination des filles, dit-il, les rend susceptibles d'illusions. C'est pourquoi leur sexe est plus adonné à la créance des songes, à la crainte des péchés et à la crédulité des superstitions. Il leur est souvent advis qu'elles voient ce qu'elles ne voient pas, qu'elles oyent ce qu'elles n'oyent point, et qu'elles sentent ce qu'elles ne sentent point. Il se peut bien faire que le malin esprit ait part en ces illusions, mais je crois plutôt qu'il laisse agir l'imagination sans y coopérer que par de simples suggestions. »

Il est certain, comme le pensait Pierre Charron, en son livre de *la Sagesse,* « que l'imagination des femmes a souvent plus besoin de guides que d'éperons et que c'est un enfant indocile qu'il faut tenir par la lisière, de peur qu'il ne fasse de faux pas ».— L'imagina-

...tion des hommes est infiniment plus pondérée; elle ne prend tous ses ébats qu'aux heures de solitude, de repos, dans les rêveries du coin du feu, aux entr'actes de la vie agissante; elle vient ouvrir à l'esprit, fatigué par le fini et le borné des occupations réelles, l'infini radieux de son domaine fantastique, et représenter au cerveau charmé l'invisible et l'impénétrable par le visible de l'illuminisme; l'homme coquette avec elle, mais ne subit point toujours son despotisme de toute minute. — Il se retrouve en effet plus ou moins en chacun de nous, comme le remarque Sainte-Beuve, « de cette alliance boiteuse de l'idéal exalté et du bon sens positif et terre à terre; ce n'est même chez beaucoup qu'une question d'âge »; on s'endort Don Quichotte et l'on se réveille Pança. — Notre esprit, comme un aérostat, après avoir follement plané dans le zénith, poussé par le cyclone des pensers les plus extravagants, est venu atterrir et s'ancrer à terre lourd, fripé et dégonflé, sentant tout le poids réel de son lest rationaliste et humain.

Mais chez les femmes, que les conditions sociales font plus passives, que la nature et l'éducation ont équilibrées moins solidement, pour lesquelles l'amour est toute la vie, et qui, se sentant esclaves dans leur rôle de filles, d'épouses et de mères, n'en sont que plus avides de liberté; pour ces douces créatures de foyer, pour ces Cendrillons qui sont ou les ménagères ou les poupées de l'homme égoïste, fiévreux et pourvoyeur de la famille, la rêverie devient le *Sésame ouvre-toi*, la clef magique, la soupape qui les laisse s'échapper vers tous les Édens et les Eldorados qu'elles se plaisent à peupler, à tapisser de leurs sensations, de leurs sentiments, de leurs richesses sensitives trop dédaignées. — La rêverie plafonne, pour ainsi dire, entièrement la prison où leur âme s'étiole, et, dans cette délivrance imaginaire, elle prend, la pauvresse, un essor prodigieux et désordonné. C'est alors que cette âme comprimée part vers la terre des rêves, dans un monde de rayons mystérieux et de voix étranges, dans ces contrées chaudes dont elle semble exilée; elle y arrive frileusement pour s'y échauffer dans la tiédeur d'un idéal adoré, sous des baisers impalpables; elle s'y anime en ce pays de sylphes intangibles, beaux comme des dieux, dans le charme des discours doucement susurrés en une langue divine et musiquée; elle s'y attarde, car elle y règne, car elle y plane, car elle s'y transfigure dans une lumière de passion où sa sensi-

bilité se subtilise en essence et l'enivre lentement. Aussi la réalité
la met-elle en sursaut au sortir de ce somnambulisme provocateur,
et c'est cette âme en fredaine, forcée de réintégrer le logis, qui
met sur le visage de tant de femmes ce sceau profond de la mélancolie où l'on peut lire comme un chant attristé du *Paradis perdu.*

Pour la femme, tout est prétexte à la rêverie; le livre que son
œil parcourt et d'où son esprit est parti dans le bleu, au contact
d'une idée explosive; la visite qu'elle vient de recevoir, l'inconnu
entrevu la veille, l'estampe regardée distraitement, la flamme dan-
sante de l'âtre où elle chauffe ses pieds mignons, la vue d'une
fleur délicate, l'écho d'une parole au timbre sincère; tout ce
qu'elle contemple, tout ce qu'elle touche, tout ce qu'elle flaire
la fait tomber dans cet état de douce catalepsie rêveuse dont
elle est insatiable. Son imagination toujours complaisante
pour les penchants du cœur lui octroie, en dépit même
de sa vertu réelle, plus de caprices d'une seconde, plus de
passades attendries, plus de désirs audacieux que les plus
franches aventurières n'en pourraient avoir, de fait et
de consentement. Telle femme que le soupçon ne pourrait effleurer et qui passe à bon droit pour la plus
correcte des épouses et des mères, qui n'a jamais failli
aux lois des convenances et aux plus strictes for-
malités de ses devoirs, a pu, dans ces rêveries
lointaines, se donner tout entière, sans
réserve, à tel homme qu'elle s'est plu un
instant à enrichir de son amour et qui, lui,
ne pourra jamais s'en douter et par là même
avoir la fatuité de s'en prévaloir.

C'est que la rêverie,
disait Bossuet, « n'est que la
continuation d'une sensa-

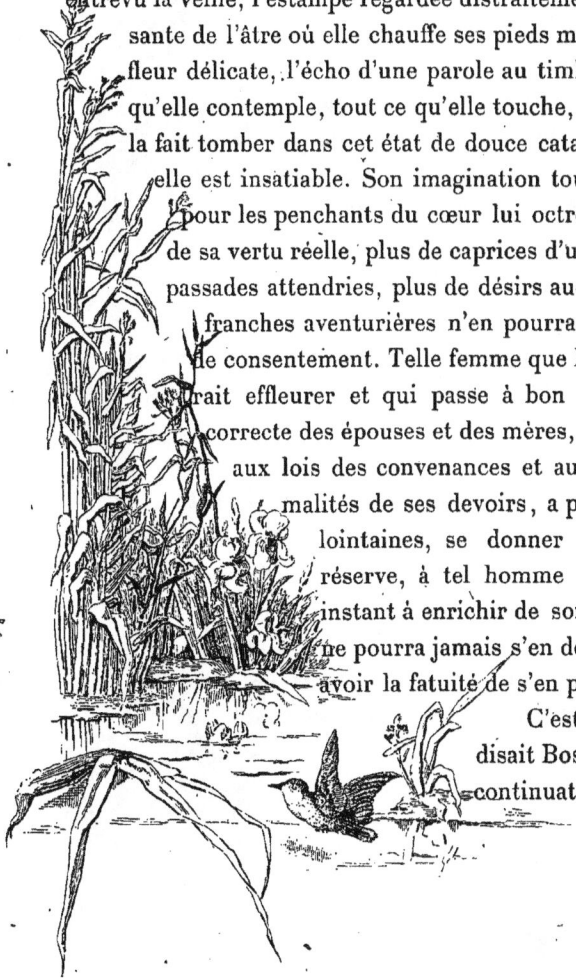

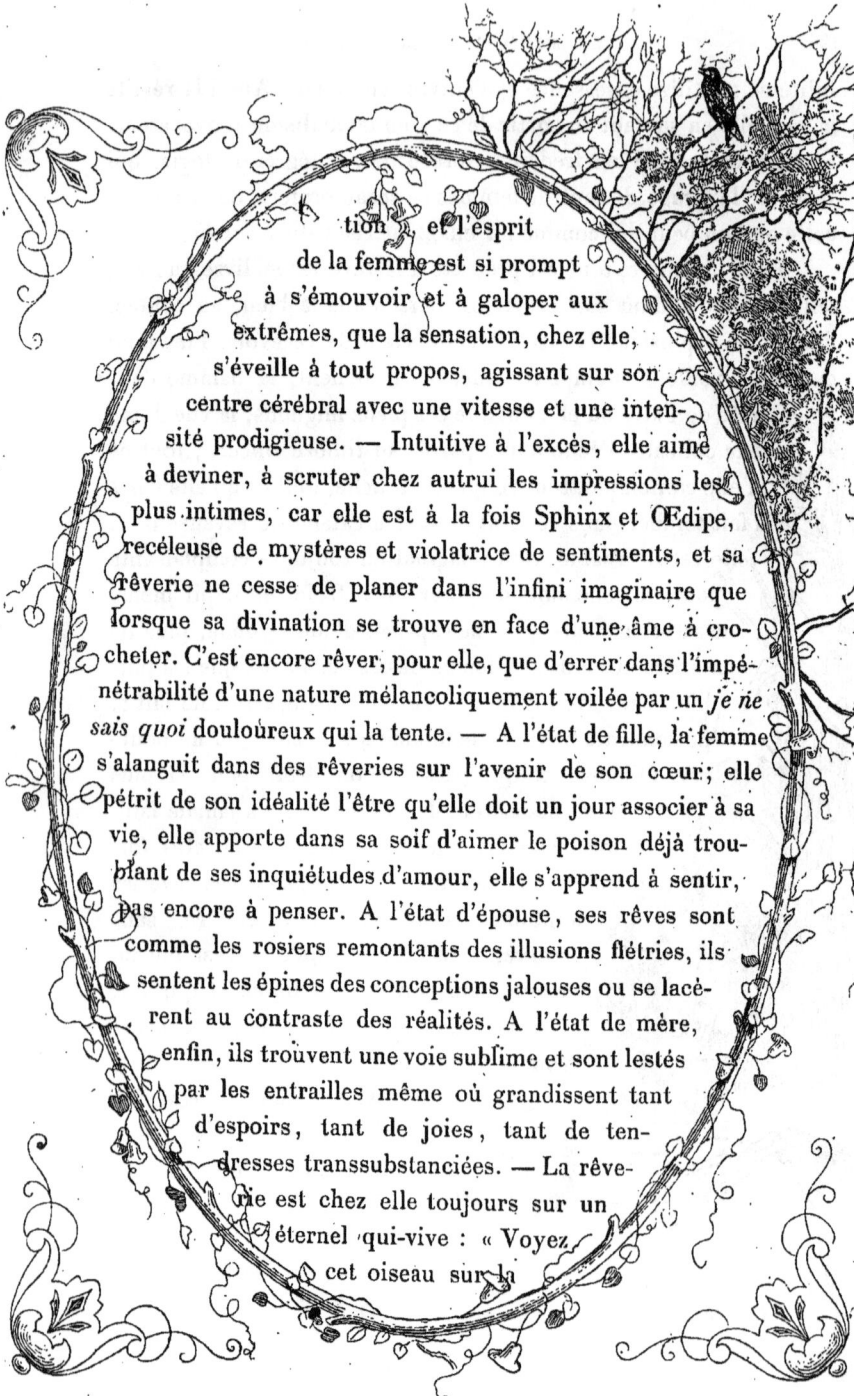

tion, et l'esprit
de la femme est si prompt
à s'émouvoir et à galoper aux
extrêmes, que la sensation, chez elle,
s'éveille à tout propos, agissant sur son
centre cérébral avec une vitesse et une intensité prodigieuse. — Intuitive à l'excès, elle aime
à deviner, à scruter chez autrui les impressions les
plus intimes, car elle est à la fois Sphinx et Œdipe,
recéleuse de mystères et violatrice de sentiments, et sa
rêverie ne cesse de planer dans l'infini imaginaire que
lorsque sa divination se trouve en face d'une âme à cro-
cheter. C'est encore rêver, pour elle, que d'errer dans l'impé-
nétrabilité d'une nature mélancoliquement voilée par un *je ne
sais quoi* douloureux qui la tente. — A l'état de fille, la femme
s'alanguit dans des rêveries sur l'avenir de son cœur; elle
pétrit de son idéalité l'être qu'elle doit un jour associer à sa
vie, elle apporte dans sa soif d'aimer le poison déjà troublant de ses inquiétudes d'amour, elle s'apprend à sentir,
pas encore à penser. A l'état d'épouse, ses rêves sont
comme les rosiers remontants des illusions flétries, ils
sentent les épines des conceptions jalouses ou se lacè-
rent au contraste des réalités. A l'état de mère,
enfin, ils trouvent une voie sublime et sont lestés
par les entrailles même où grandissent tant
d'espoirs, tant de joies, tant de tendresses transsubstanciées. — La rêverie est chez elle toujours sur un
éternel qui-vive : « Voyez
cet oiseau sur la

branche, — écrit La Mettrie dans son *Homme-Machine,* — il semble toujours prêt à s'envoler; l'imagination est, de même, toujours emportée par le tourbillon du sang et des esprits; une onde fait une trace, effacée par celle qui suit; l'âme court après, souvent en vain : il faut qu'elle s'attende à regretter ce qu'elle n'a pas assez vite saisi et fixé; et c'est ainsi que l'imagination, véritable image du temps, se détruit et se renouvelle sans cesse. — Tel est le cahot et la succession continuelle de nos idées; elles se chassent comme un flot pousse l'autre, de sorte que si notre imagination n'emploie, pour ainsi dire, une partie de ses muscles, pour être comme en équilibre sur les cordes du cerveau, pour se soutenir quelque temps sur un objet qui va fuir, et s'empêcher de tomber sur un autre qu'il n'est pas encore temps de contempler, jamais elle ne sera digne du beau nom de jugement. »

Mais la rêverie n'a point besoin d'apodectique, de logique ou de rectitude; elle se volatilise en formes vagues et translucides dans la lumière d'or des féeries inlisibles; elle nous tient la vie en suspens sous le charme exquis de son irréel, elle nous fakirise l'intellect, nous berce le cœur et sait surtout assoupir la raison, cette pédante

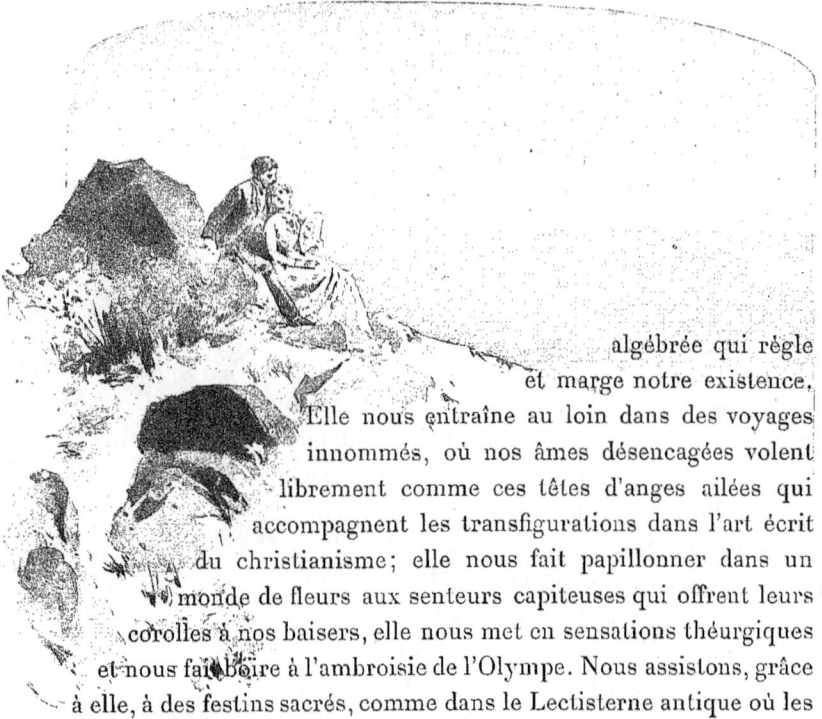

algébrée qui règle
et marge notre existence.
Elle nous entraîne au loin dans des voyages
innommés, où nos âmes désencagées volent
librement comme ces têtes d'anges ailées qui
accompagnent les transfigurations dans l'art écrit
du christianisme ; elle nous fait papillonner dans un
monde de fleurs aux senteurs capiteuses qui offrent leurs
corolles à nos baisers, elle nous met en sensations théurgiques
et nous fait boire à l'ambroisie de l'Olympe. Nous assistons, grâce
à elle, à des festins sacrés, comme dans le Lectisterne antique où les
statues des Dieux étaient couchées sur des lits, car nos esprits sont
si légèrement subtilisés dans la radieuse harmonie des choses inconnues, que nos corps deviennent semblables à ces statues de marbre,
ne représentant plus que la divinité que nous leur avons soustraite
pour la baigner et purifier dans les profonds ciels de l'âme.

Puis, si l'amour nous béatifie côte à côte, dans une même
tendresse, nos rêveries solidaires montent parallèles dans l'infini
comme une prière à deux voix, prière d'ivresse reconnaissante au
grand Tout qui nous enveloppe, prière bénie qui flotte sur la nature
énamourée, sur la mer, cette infinie charmeuse qui gronde ou qui
soupire, sur ces bois mystérieux ; prière qui va du brin d'herbe à
la montagne et de la montagne au soleil joyeux. — A cette heure où
deux âmes s'unissent dans un même pèlerinage de bonheur vers les
au delà du *toujours,* où les lèvres cessent de s'allucher pour

18

demeurer béantes devant la béance même de l'éternel, où deux mains se désunissent comme lasses de ce fini d'expression, à ce moment troublant où deux amants anxieux de sitôt sentir les bornes des trop restreintes caresses humaines, cherchent à rompre le cercle de l'impossible pour atteindre à une union plus parfaite, leur rêverie naît de leur impuissance même et semble vouloir dérober aux étoiles une lumière immuable, pour symboliser l'immuable volupté qui les enserre. — Mais c'est surtout dans le plein air de campagne que ces divines rêveries nous enlèvent à nous-mêmes, dans la pureté de la lumière qui nous baigne, car la lumière (ainsi que l'écrivait ce faux sceptique qui eut nom Voltaire) est, de tous les êtres ou de tous les modes du grand Être, celui qui nous donne l'idée la plus étendue de la divinité, tout loin qu'elle soit de la représenter. « La lumière est réellement un messager rapide qui court dans le grand tout de mondes en mondes, écrit-il; elle a quelques propriétés de la matière et des propriétés supérieurs, et si quelque chose peut fournir une faible idée commencée, une notion imparfaite de Dieu, c'est la lumière; elle est partout comme lui, elle agit partout comme lui. »

Dans la nature isolante et isolée, nos rêveries prennent, sous l'enveloppement même de cette lumière, un caractère infiniment plus pénétrant, plus philosophique et plus sain, car la campagne et surtout la mer communiquent à nos yeux ravis toute la puissance de l'infini qu'elles reflètent.—Dans les champs, couchés sur l'herbe, nos esprits voltigent vers la pluralité des mondes ou bien s'incrustent dans la contemplation d'une fourmilière, Babylone géante où tout un peuple monte à

l'assaut du travail, ils suivent encore le tire-d'aile inconstant des légers papillons multicolores ou se laissent charmer par le doux roucoulement mélancolique et monotone des colombes, amies de Cypris. — La mer, par contre, ne nous donne point seulement la sensation décourageante de l'immensité, mais elle nous cause aussi l'impression d'une pureté incommensurable, dont elle nous sature. Il semble qu'on ait devant soi, dans la transparence glauque de cette eau vierge, dans ce ciel clair et sans fin, balayé par le vent du large, dans cet air vivifiant et assaini, comme l'image d'un purgatoire terrestre qui nettoie, lave et transforme toutes les immondices humaines. L'œil s'y rince et s'y débarbouille dans la vision de l'immense ; l'âme s'y blanchit, pour ainsi dire, s'y console et espère ; c'est un collutoire général de notre moral, un abstergent de notre physique ; nos rêves planent sur la mer comme de blanches mouettes aux cris plaintifs trempant parfois leurs ailes dans l'azur du flot, qui les portent une seconde et les balancent sur la houppée de la vague ; ils y ont à la fois les ondulations, les phosphorescences, les caprices, les révoltes et les embellies des abîmes pélagiens.

Au logis, la causalité de nos rêveries change avec les sensations diverses du *home ;* le cerveau plus surmené, plus perturbé, plus congestionné par l'air malsain des réclusions volontaires, nous pousse davantage dans le domaine de l'étrange et du paradoxe imaginatif. La lecture, la causerie, les idées d'art approfondies jusque dans les cycles des beautés horribles, la recherche curieuse du bizarre, du biscornu, de l'anormal, du fantastique et de l'extravagant nous conduit

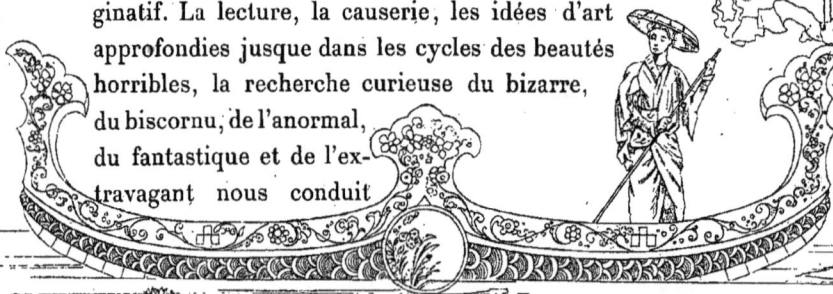

à des songeries
troublantes, tordues, indéfinis-
sables, mais ruisselantes d'inouïsme.
Nous y cherchons des avatars excentriques qui
nous font vivre au pays des contes bleus, au milieu
d'une flore inconnue; nous y naviguons, délicieusement inertes, sur des rivières d'argent, montés dans des
embarcations d'ivoire, d'or et de nacre que nous diri-
geons distraitement avec une plume d'oiseau géant. Notre
fantaisie rêveuse nous transporte encore dans des contrées
indécises de l'Inde, en un pays dont nous nous plaisons
à formuler les lois et à décréter l'architecture, le
paysage, le climat et l'atmosphère, en dehors de
toutes les idées reçues. Nous y voyons un ciel d'argent mat, pâle et immuable, éclairé par un
soleil adamantin, brillant comme un
solitaire dans un firmament
diurne de roses à

facettes, tandis qu'au cré-
puscule, une lune couleur de turquoise morte
s'y lève sur un horizon de cuivre pâle tout constellé
d'escarboucles, d'émeraudites, d'opales, de rubis, d'œils-
de-chat, de topazes, de grenats et d'améthystes. Nous y voulons une végétation rouge et bleue fibrinée d'or, des fûts
d'arbres d'amarante, d'aquillaire et de violette, des palais de
faïence tendus de foulards multicolores parfumés comme des
sachets, des oiseaux multiformes avec des yeux de jade, d'onyx
ou de sardoine et des pattes de bronze rouge, fauve ou vert, objets
d'art vivants, se mouvant et peuplant. Seul, nous régnons dans ce
pays, jeune, beau, virtuose d'amour, sur un peuple de femmes
nubiles de toutes races et de tous tons, ayant tous les styles de
beauté, toutes les étrangetés de nature, toutes les mœurs et
tous les tempéraments.—Notre rêve se poursuit avec la hantise
de l'idée fixe qui parvient à créer l'artificiel. Enfouis dans
nos divans d'Orient, au milieu de cet art chinois et japonais
qui a vu naître les plus grands rêveurs qu'aucune génération et qu'aucun peuple aient peut-être jamais produits, nous nous alanguissons de longues heures
dans notre fiction. Il nous paraît que notre lit de
repos est un palanquin porté sur les épaules
de nos gracieuses esclaves à la sortie du
palais, et tandis que nous
percevons, comme

précédant notre cortège, une musique singulière, naïve et enchanteresse, nos yeux internes, ravis et dilatés par cette féerie imaginaire, se portent sur un panorama où les dômes de porcelaine luttent d'éclat avec les minarets de leucite et les campaniles de jaspe sanguin. — Ni Golconde, ni Bagdad, ni Héliopolis, ni Visapour n'approchent de la beauté, de l'opulence, de la splendeur fastueuse de notre domaine royal, car nous l'avons doté de toutes les pierreries, de toutes les magnificences, de tout l'apparat, de toutes les pompes et aussi de tout le superflu et de toutes les élégances de notre conception d'artiste et d'extravagant. — La rêverie nous donne l'insaisissable de la vie; elle fait de notre esprit un miroir grossissant et fellateur, où viennent se refléter toutes les images que nous évoquons; elle sait tromper nos désirs et alimenter nos illusions; elle part bruissante comme la libellule et nous emplit du bruit métallique de son vol; elle s'en va errante, s'égarant sur divers objets et ne se fixant jamais. Elle s'éveille aussi bien dans le bonheur que dans le malheur, mais l'art seul la captive et lui donne des formes exquises; la musique, la poésie, la prose chantante sont ses tremplins de départ préférés. Elle sait paraphraser une sonate, un motet ou un nocturne sur le clavier interminable dont elle dispose pour ses variations, et la moindre cantilène se transforme, grâce à elle, en une hymne dithyrambique; elle porte en soi cette poudre d'or et de diamants dont elle saupoudre les choses les plus ternes; elle pindarise les pensées esthétiques, interprète le symbole des fleurs, et développe délicieusement la langue occulte des parfums.

« Il faut peu de cause pour agiter notre âme,

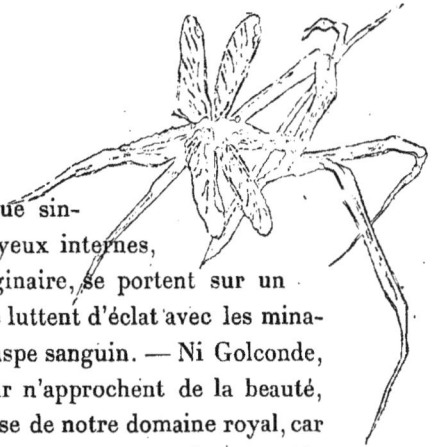

disait Montaigne; une rêverie sans corps et
sans sujet la régente et l'agite. » — La rêverie
nous porte au coma physique par la torpeur de
son exquise demi-somnolence; elle provient
toujours d'une légère congestion cérébrale; elle
met la lame au clair, hors du fourreau, et le
corps se ressent de ces perpétuelles pérégrinations lointaines de la Benoîton du logis. — Pour
telle folie qu'il y ait à bercer ses rêves et ses
pensées dans l'errance mystique de l'âme, nous
ne consentirions pas cependant à proscrire cette
grande consolatrice, ni à charger nos ailes des
poids contrôlés de la raison. — La folie mixte,
celle qui n'est point tapageuse et ne porte aucune
nuisance à autrui, peut être une des formes de
notre bonheur, si nous nous sentons en paix avec nous-même, car
tout n'est que folie ici-bas, à cette différence que la communauté
tient à s'aveugler sur la démence générale et ne consent point à
reconnaître des cas particuliers; — la folie, c'est d'être fou d'autre
manière que les déments groupés en société, d'où on s'est avisé de
créer le mot *aliéné,* qui exprime si drôlement l'état d'un être qui
désire s'isoler et devenir étranger à la grande famille. La rêverie,
c'est la prise d'air de notre esprit, la large fenêtre ouverte sur l'infini; nous devons nous y accouder souvent par hygiène morale,
mais nous garder de l'attirance du vide et du vertige, nous efforçant
de mettre en harmonie et équilibre la conception et l'exécution,
deux sœurs inséparables en apparence, mais en réalité dans le
domaine de l'art, deux terribles rivales. — L'une, éternelle vagabonde, nous appelle, comme la sirène, au fond de son gouffre d'azur
et nous séduit à la façon de Circé; l'autre, Cendrillon laborieuse,
attend souvent en vain, près de l'âtre, le concours de son aînée,

sans la provende de laquelle rien ne lui est possible. — Toutes deux s'évoquent désespérément, mais la conception est fugace et ne revient point sur ses pas pour mettre en servage les forces agissantes de sa cadette, et Cendrillon doit courir après l'inconstante charmeuse pour la fixer un instant. — Discipliner l'une et l'autre en soumettant celle-ci à la puissance despotique de celle-là, ramener la conception dans les chaînes de l'exécution ; les tenir toutes deux sous sa tutelle morale, c'est le chef-d'œuvre de la vie, car c'est employer la rêverie comme force motrice de la production intellectuelle et la concentrer dans l'accumulateur de sa volonté pour en user à son loisir et selon ses intimes ambitions.

« Plus s'étendent les conceptions de notre esprit, pensait Kant, plus nous approchons du vrai bonheur » ; — il s'agit ici des conceptions de l'entendement, qui ne sont, en réalité, que des rêveries canalisées vers une œuvre morale effective.

LA CAMPAGNE

LA CAMPAGNE

L'amour de la nature est le seul qui ne trompe pas les espérances humaines. Tôt ou tard, le sentiment écrasant de la permanence de la nature nous emplit le cœur, nous remue profondément, et nous finissons par y être inquiets de Dieu.

(BALZAC.)

« J'AIME — écrivait peut-être un peu trop idéalement l'auteur des *Paysans* — la vie heureuse et tranquille des champs où la bienfaisance est perpétuelle, où les qualités des âmes grandes et fortes peuvent s'exercer continuellement, où l'on découvre chaque jour dans les productions naturelles des raisons d'admiration, et dans les vrais progrès, dans les réelles améliorations, une occupation digne de l'homme. Je n'ignore point, ajoutait-il, que les grandes idées engendrent de grandes actions ; mais comme ces sortes d'idées sont fort rares, je trouve qu'à l'ordinaire les choses valent mieux que les idées. Celui qui fertilise un coin de terre, qui perfectionne un arbre à fruit, qui applique une herbe à un terrain ingrat, est bien au-dessus de ceux qui cherchent des formules pour l'humanité. »

Assurément la vie champêtre constitue la plus heureuse et la plus douce situation humaine pour un être exempt d'ambition, purement contemplatif et qui règle sa journée sur le soleil ; mais

pour adorer la campagne sans autres horizons que la campagne
même, il faut avoir la naïveté du génie ou le génie de la simplicité, ne
point se sentir une âme complexe, instable, aventureuse, perpétuel-
lement inquiète de psychologie humaine, sans cesse troublée par le
mystère de la créature ; il ne faut point loger en soi un esprit fiévreux, n'aimant la solitude que dans le brouhaha des foules, et
surtout n'être point possédé du démon de la combativité qui nous
pousse dans la mêlée des idées et des passions courantes. L'amoureux de la campagne doit avoir l'âme limpide et transparente, le
culte de la famille, l'adoration des petits et des humbles, la gaieté
franche et sonore, et sentir sourdre en soi la simplesse et l'indulgence ; ainsi se rapprochera-t-il de Dieu comme les patriarches.

La vie de campagne nous assainit le corps, nous vivifie le sang
et nous purifie l'esprit ; elle balaye loin de nous les germes mor-
bides et fortifie notre vertu aux heures accablées. Elle est astrin-
gente, mais aussi absorbante et dévoreuse d'idées ; les ressorts de
notre être s'y détendent, mais ne tardent pas à s'y rouiller. L'habitude des champs nous y animalise ; peu à peu nous
nous courbons sur cette terre où germent
des espérances et nous ne tardons

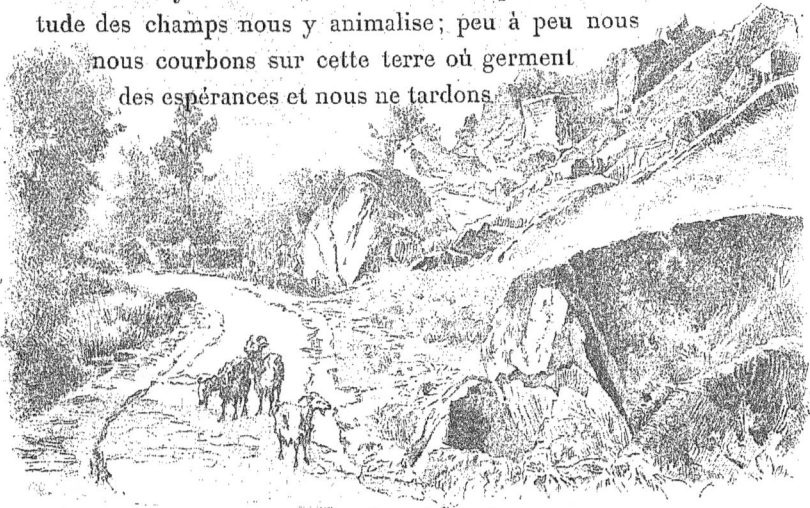

pas à être enveloppés par les intérêts misérables ainsi
que par les conceptions basses et mesquines qui nous environnent. Tout ce qui est du domaine de l'art et de l'esprit affiné ne
tarde pas à nous y paraître vain et superficiel, et nous nous détour-
nons peu à peu d'un cercle d'études ou de connaissances pour lesquelles nous nous pensions faits. La vie rustique ne donne point
davantage la solitude que la vie des villes où l'on peut encapu-
chonner ses idées et rendre imperméable son individualité; la solitude est en nous, elle ramène à nous nos pensées, restreint et res-
serre nos désirs et nos soucis et nous concentre immuablement au
gîte qui nous est propre. La campagne, au contraire, nous évapore
plus en rêveries indécises, selon l'état de l'atmosphère, la conformation des nuages qui passent ou le charme du paysage pittoresque
déroulé sous nos yeux, car la nature, comme le dit Fontenelle,
a le secret merveilleux de diversifier toutes choses et de les égaler
en même temps par les compensations.

Puis nous nous sommes prodigieusement éloignés, depuis des
révolutions successives, de cet homme des champs du XVIIᵉ siècle,
lequel jouissait en repos du bien de ses ancêtres, sans ambition,
sans idées politiques, sans être tourmenté par de vains désirs pour
le changement de son état, ni trompé par de fausses espérances
pour quelque élévation chimérique. Ce gentilhomme d'antan bor-
nait son horizon à ses terres qu'il faisait valoir, cueillant la récom-

pense si l'année était bonne, jouissant de ses petits revenus au milieu du respect et de l'attention des paysans aptes à le servir. Il ne faisait sa cour le matin qu'à ses champs, et sa famille le soir lui tenait lieu d'assemblée; la chasse lui servait de divertissement et la pêche de récréation utile. Il observait les fêtes de l'année et suivait les offices avec exactitude afin que Dieu pût bénir ses jours ouvriers. Il réalisait presque le type de l'homme heureux d'Horace, en un âge où les terres se groupaient comme une famille sous la direction d'un maître. Aujourd'hui, les querelles de clocher, le droit populaire, l'arme du vote, l'abaissement du prêtre, la diffusion de *la laïque* et le morcellement des terres ont fait de tout paysan un animal déchaîné, hostile, irrespectueux, malveillant, guettant avec une patience de caïman les propriétés immobilières qu'ils doivent tour à tour engloutir. Les citations d'Horace et de Virgile ne sont plus de saison, la lutte misérable des intérêts est aux champs non moins vive qu'à la ville, mais elle y affecte plus de basse astuce, plus d'atermoiements, plus de duplicité; elle y apparaît avec une mesquinerie et un caractère louche qui est odieux, avec une vilenie rampante, avec une allure torve qui ne se redresse jamais.

Cet ennemi campagnard, insinuant, calomnieux et d'une incommensurable pusillanimité, nous enveloppe et nous épie de toutes parts; il a l'oreille d'un Peau-Rouge et l'œil perçant d'un tiercelet; on ne le voit point, il est partout, car il arrive à se confondre avec la terre à force d'entrer en communion avec elle. — Vous sortez dans une plaine mangée de soleil, vous ne distinguez rien, vous ne percevez aucun bruit, tout semble reposer

sous un ciel
embrasé et les oiseaux
eux-mêmes contribuent au silence ;
l'horizon des chemins est désert et
aucune tête ne sort de ces blés jaunissants :
le calme et l'inhabité semblent vous environ-
ner, cependant le paysan est là qui vit et s'emploie de mille manières ; lui vous voit de son œil
fin et rond, il vous voit comme ce moineau
immuable sur sa branche, comme cette
grenouille contemplative issant des lentilles
d'eau ; mais rien ne le révèle. Avancez, il sor-
tira d'un pli de terrain ou apparaîtra soudain
au détour d'un arbre, la mine hâlée et sans
expression. — Il est peu d'endroits, en apparence
aussi solitaires, où l'on soit plus épié qu'à la campagne, moins libre de ses actions, plus vilaine-
ment interprété dans ses actes ; la terre y a des
yeux invisibles aux autres yeux, la vie s'y exerce
cependant ici et là silencieuse ; la voix humaine
ne monte dans l'atmosphère assourdie que pour
inciter la bête aboyante ou injurier lourdement
la passivité de la bête ruminante.

A l'heure de l'*Angelus,* heure mélancolieuse
noyée dans les brumes du crépuscule, tandis que
les nuages se rougeoient encore des derniers regards du soleil couchant, la campagne s'anime et
s'emplit de voix confuses, de bruit de clochettes et
de piétinements sur le cailloutis des chemins ; c'est

que l'*Angelus* sonne la retraite de la prairie, et les vaches dociles, conduites à l'abreuvoir, s'en reviennent déjà avec une allure douce et lente à l'étable où l'on va les traire. Il y a comme une lassitude de travail occulte dans la nature et un assoupissement tombe du ciel dans le bercement de rumeurs qui s'éloignent; la nuit déjà enveloppe la terre où la végétation s'exhale assoiffée de rosée, la lune s'allume dans le jour mourant et les bestioles préludent au concert nocturne que viendra dominer tout à l'heure la voix lente, triste, sonore et délicieusement plaintive du crapaud, ce petit monstre aux yeux doux, ce poète pustuleux, à gilet jaune, ce Mirabeau incompris des revendications batraciennes.

Alors commence pour nous, sous la lampe, — au début de cette mélodie ambiante qui monte de l'est à l'ouest, du nord au sud de notre demeure, — l'heure du recueillement; la sérénité de la nuit nous rafraîchit et met en nous mille pensers graves et charmeurs à la fois, un bien-être nouveau nous envahit; nous sentons que le repos nous guette et nous sommes saisis par le mystère de cette éternelle succession de jours et de nuits qui nous entraîne dans l'engrenage du temps vers la certitude de la mort; nos illusions, nos rêves, nos chimères, chauves-souris ailées des ténèbres de notre être, volent, bruissent et tapissent despotiquement notre esprit; nous prenons un livre, nous croyons lire : nous songeons. — Au dehors, le calme n'est troublé que par les aboiements lointains des chiens des métairies ou des parcs à moutons. Il y a dans ce silence

quelque chose de solennel qui nous
envoûte et nous met en prière instinctive
et en recueillement comme dans une église.
« La majesté de la nuit — a écrit Balzac,
avec cette intuition merveilleuse qui était
la fleur de son génie — est vraiment con
tagieuse, elle impose, elle inspire... Il y
a je ne sais quelle puissance dans cette
idée... tout dort et je veille. »

La veillée aux champs nous emplit de mystère, de trouble et
nous pousse à la superstition ; cette nuit géante qui nous enveloppe,
se peuple dans son inscrutabilité d'une mystagogie bizarre qui
nous laisse en éveil et sur un qui-vive d'abîme ; nous nous endor-
mons avec le poids de l'obscurité qui paraît animer et développer
notre lueur interne et la rendre plus inquiète, plus intense et
aussi plus falote sous ce boisseau profond et sacré des ténèbres.

Aussi, l'aube est-elle bénie lorsqu'elle vient chanter matines
sur nos paupières closes et nous déjucher comme des oiseaux sur
la branche de vie ; dès le potron-minet, nos esprits battent la diane
dans ce renouveau sublime de la nature, où tout vibre, tout reprend
fraîcheur, tout soupire au milieu d'une harmonie musiquée par des
millions de cris d'êtres animés, hôtes des bois, des eaux, de l'air
et de l'herbe, héméralopes saluant le retour de l'astre fécondateur.
Car le soleil, c'est le dieu, le vrai dieu de la terre, dans sa majesté
infinie, l'Élagabal justement divinisé, le *Mihras* des Perses, le *Phra*
des Égyptiens, l'Apollon mythologique qui nous touche tous
comme la statue de Memnon, nous mettant en sensation joyeuse
dès qu'il apparaît ; c'est le dieu de tous les ferments, de tous les
levains humains, le grand metteur en scène des beautés de la campagne, le flambeau éclatant du jour qui nous attire tous d'âme et
de corps comme des papillons joyeux dans sa glorieuse photosphère.

20

Sans le soleil la campagne reste en deuil et comme en veuvage. — Voyez cette matinée de printemps sous un ciel maussade qu'on croirait de feutre gris ; la gaieté et la végétation sont arrêtées ; une somnolence, une tristesse invincibles, des frissons d'ennui sont dans l'air ; c'est la vie neutre, terne, presque accablée.

Tout à coup le soleil perce lentement les nuages ; il les éclaire d'abord, il les borde, il les frange, il les caresse et les met en feu, puis les troue, les dissipe et les chasse. Il se répand alors, éclatant, portant partout la vie, la sève, l'espérance et l'amour ; il s'étale et se distribue en tous points ; il glisse dans les demeures sombres, met des rubis dans les verres au cabaret et des chansons sur les lèvres des paysans attablés ; il filtre sous les taillis comme une pluie d'or qui saupoudre la chevelure des Danaé-amadryades de la forêt, et les taches ombreuses qu'il fait naître sont les sombres contrastes de sa toute-puissance. — Sous ce simple jet solaire, la nature entre en fête et se fait coquette. Tout revit et s'éjouit : le laboureur vient sur le seuil de sa porte, la mine luisarde, l'œil clair et joyeux, la lèvre sifflotante, frottant ses mains caleuses en témoignage d'allégresse ; la mère apparaît offrant le sein à son baby, tandis qu'à cette même heure l'âme affadie, atrophiée des villes ressuscite, se dilate et s'envole dans la pureté rayonnante de l'atmosphère. — Le marin appareille pour prendre le large sur cette mer brillante comme un miroir d'azur ; l'humanité s'améliore, s'indulgente et se félicite, et l'amoureux se sent renaître et songe à son

aimée dans un rêve d'idylle. A ses yeux se déroulent des Édens
pleins de délices dans les tête-à-tête champêtres ; la juvénilité ser-
pente sous sa peau ; il sent une éclosion de joie, de désirs vagues,
il rêve de baisers profonds sur des nuques renversées et sur des
lèvres pâmées ; la concupiscence en un mot grouille en sa tête et se
turgit en ses sens, — c'est le soleil !

Le soleil, c'est la renaissance universelle : les arbres secouent
leur carcasse noire sous un étincellement de lumière, ils se pro-
filent sur le sol comme pour se mirer et se mesurer sur la terre au
sortir de leur convalescence, et ces bourgeons naissants apparaissent, semblables à des yeux qui s'ouvrent étonnés, dans la sereine
contemplation du ciel. — Sous les baisers de l'astre divin, la nature
entière fait sa toilette ; les oiseaux enivrés chantent, folâtrent, se
plument, se battent, s'étirent et marivaudent dans leur langage de
xylophone, les basses-cours entrent en rut et le fumier se met en
combustion, exhalant l'âme de sa matière en gestation. Tout revit
et tout peuple ; les mésanges et les bergeronnettes ont des robes
neuves et fraîches pour conquérir les amours nouvelles, le rossi-
gnol ouvre le concours au conservatoire des hymens printaniers ;
l'orvet et la couleuvre ont fait peau neuve et se hasardent annelleu-
sement hors de leur gîte hivernal, tandis que l'alouette gentille
monte, monte, monte toujours, infatigable, et distille en planant
dans l'air sa chanson de cristal, Te Deum d'amour et de recon-

naissance qui s'élève délicieusement au ciel comme une ardente prière de fervent en extase.

Le soleil en une seconde produit plus de chefs-d'œuvre que dix hommes de génie dans toute leur existence, car il représente à lui seul le sublime et bon génie de tout, non seulement des humains, mais surtout des infiniment petits qu'il fait éclore, qu'il anime, et qu'il substante. C'est bien le dieu incontesté de cette terre figée qui tourne amoureusement autour de son foyer, c'est bien le dieu de la poésie, de la musique et de tous les arts, le dieu Pan, le dieu Tout, qui nous fait penser que sans notre héliognostique et notre constant héliotropisme intellectuel nous serions esthétiquement aussi mal doués que des Lapons ou des Islandais.

Le soleil, c'est la campagne tout entière, c'est le blé, c'est la fleur, c'est la prairie, c'est le raisin ; sans lui tout est morose; il n'est point d'été souriant et point d'automne mélancolique ; mais lorsqu'il apparaît, que ce soit dans la rafale ou sur la neige durcie de l'hiver, il remet tout en valeur et nous réconcilie avec les paysages les plus dénués de pittoresque. L'été, il est si doux, si rieur, si blond qu'il parvient à *mythologier* les bocages ; il vivifie nos souvenirs

classiques dans nos promenades aux bords des ruisseaux jaseurs, et parfois il nous fait surprendre dans sa lumière de lourdes paysannes au bain, qui, malgré la robustesse de leurs appas, sont encore à nos yeux des déesses d'un paganisme qui sait nous émouvoir et peuvent nous rappeler par leur carnation superbe les nymphes que Tibulle et Catulle ont chantées. — L'hiver, quand il se joue sur le givre des haies et sur la blancheur nitreuse des prés, pâle et clair, au milieu d'un ciel mat, il éclate, il scintille, il charme encore comme un sourire d'ami qu'on craignait de ne plus revoir ; à l'automne surtout ses adieux sont touchants, car, dans ses dernières caresses, il apporte la patine de son toucher à la végétation qu'il a fait naître, et qui, maintenant éparse, fait un tapis d'or à la terre, hier encore si verdoyante. Il laisse son souvenir aux arbres de la forêt, le souvenir de ses morsures bienfaisantes sur ces fûts aux écorces orangées, fauves, aluminiumées ou brunies comme le col des moissonneurs ; il attache également sa mémoire sur ces chaumes d'un bronze ardent et sur la crête de ces murs aux mousses rousses. Tout parle de son passage aux yeux et au cœur, et, lorsqu'il semble entièrement disparu, tristes, réfrigérés, nous allumons encore dans l'âtre ces flambées de javelle qui exhalent toute leur chaleur solaire, lentement emmagasinée dans leurs cellules ligneuses, nous égayant soudain à ce soleil factice qui sait nous échauffer et le corps et les sens.

— Quoi qu'on ait écrit sur les charmes de la vie rustique, on peut ajouter qu'ils élèvent l'âme, mais qu'ils n'ameublent pas l'esprit ; quelle que puisse être l'existence des champs, l'idéalité de l'homme s'y rouille et s'y rétrécit dans la monotonie et le bien-être physique et moral. — Or, le bonheur enlève à l'âme humaine son

génie, sa grandeur, sa noblesse d'expression qui est dans la souffrance, l'inquiétude et la lutte. Lorsque tout en nous est au silence, à la paix et aux quiétudes acquises, on peut penser que notre essence s'alourdit et s'engraisse dans un épicurisme inquiétant. Nous ne nous sentons plus vibrer dans cette science de vivre, dans cette agitation du désir, dans cette houle de la passion et cette effervescence des ambitions intimes qui épurent et subtilisent notre matérialité.

Remarquez que le sublime dérive presque toujours des intensités douloureuses pour lesquelles l'homme semble avoir été créé. Lorsque le vent des tempêtes cesse de souffler en nous, lorsque sur l'océan infini de notre âme les vagues mollissent et tombent au calme plat, la divinité de notre créature apparaît moins grandiose ; l'indifférence nous envahit lentement de son linceul gris, notre cœur est à la retraite et notre esprit ne se dresse plus impétueux comme un général désireux de gagner la bataille. Il nous faut toujours une terre promise, sans quoi l'idée fléchit ; le bonheur met du ventre à la bête et des entraves à la pensée qui rancit près de l'âtre non tisonné de notre personnalité. — C'est la douleur et la passion qui ont enfanté, dans un souffle d'affolement et de doute, toutes les œuvres sublimes et qui ont trempé la volonté d'acier des hommes supérieurs. Nous ne sommes point créés pour être des contemplatifs, et si, comme le paysan, nous ne luttons pas contre la terre, nous buttant contre elle et fouillant ses entrailles pour la féconder, nous devons au moins batailler pour autrui, semer le bienfait, ne

serait-ce que pour récolter l'ingratitude ou bien encore lutter contre
nous-mêmes en fécondant le plus vaste des patrimoines, celui de
notre cérébralité, qui nous a été légué avec une façon de cahier des
charges, par l'atavisme d'innombrables générations.

Dans cette culture intelligente de notre être pensant, nous
découvrons lentement la diversité prodigieuse de qualités et de
défauts incohérents qui mosaïquent notre nature. Nous arrivons à
lire en nous avec intérêt, à y découvrir non seulement une dualité
faite de passion et de sagesse, dialoguant sans cesse comme Télé-
maque et Mentor, mais encore une infinité de sensations bizarres
véhiculées dans notre tempérament par la succession de races dont
nous sommes tous pétris. Ces sensations ne s'éveillent qu'aux
combats de la vie, aux heures de luttes qui agitent et bouleversent
l'océan de nos molécules sanguines ; à ces moments d'amour, de travail, de sacrifice, de résolutions hardies, nous sentons au tréfonds de
nous-mêmes les profonds tourbillons des courants contraires, et
tiraillés en tous sens par un concert d'opinions mystérieuses, derniers cris lointains des aïeux que nous méconnaissons, nous éprou-
vons le plaisir d'imposer silence à tous ces damnés de notre chair
par la décision suprême d'une volonté maîtresse.

A la campagne, nous communions avec la nature, et nous croyons
tout d'abord nous élever par la pensée et la salubrité de l'idée au-
dessus de toutes les comédies humaines et des bouffonneries sociales ;
au début de notre séjour rustique le calme et la solitude nous éclai-
rent et corroborent à souhait ce premier sentiment ; mais six mois
un an se sont à peine écoulés que notre détension nerveuse s'est
transformée en un véritable relâchement général de nos forces
intellectuelles agissantes, nous nous accagnardons dans des misères
d'intérêt local, dans la mesquinerie du milieu, et l'assoupissement
des champs nous borde dans la tiédeur d'une oisiveté d'autant plus
dangereuse et envahissante qu'elle est moins aisée à surprendre.

« Maintenant que je ne suis plus campagnarde, vous aurez plus souvent de mes nouvelles », écrivait un jour Mme de Sévigné, à son retour des champs, et la maniérée épistolière avouait ingénument, dans cette phrase, ce que pouvait être la torpeur campagnarde pour la plus remuante et la plus insatiable conférencière du globe. Elle aussi s'était sentie désarmée par la vie contemplative, elle aussi avait abdiqué ses grâces minaudières devant la grandeur et l'incommensurable de la nature ; mais elle revenait à la ville pour y retrouver son tremplin de force et d'élégance, et aussi, il faut le dire, pour y accommoder son encre de petite vertu avec les mille et un commérages et menus bruits de la Cour.

Partager sa vie entre la ville et la campagne, se guérir des frelatations de l'une par l'hygiène de l'autre, en aimer profondément le contraste et demander à la solitude des champs les économies physiques et morales qu'il sera utile de venir gaspiller plus tard dans la cohue sociale, là est, je crois, le juste milieu de la raison. — On peut vivre à la ville et mourir à la campagne, telle doit être la figure de notre rhétorique, si tant est que nous voulions tour à tour exciter nos vertus et calmer nos passions humaines.

APPENDICE CORRECTIF

Pour humilier les Auteurs,
Le Dieu du Parnasse en colère
Voulut leur rendre nécessaire
Le dangereux secours d'ignorants correcteurs.

(Almanach des Muses.)

A peine remis de la surexcitation d'une composition hâtive, après les mille tracas des tirages compliqués, des recherches d'encrages variés, des repérages difficiles, l'auteur, d'un œil reposé, d'un esprit calmé, s'apprête à contempler amoureusement son œuvre, qu'il n'a pu, jusqu'alors, juger que dans les détails et dont il lui est loisible maintenant de contempler l'ensemble d'une façon impartiale et critique. — Il est arrivé à cette heure heureuse où, délassé, rafraîchi, l'esprit en vacances, il est à son tour envers lui-même son propre public. Il prend donc le livre frais éclos, le pèse, le tourne et le retourne, le caresse du regard et de la main en typomane charmé et en iconophile satisfait ; si la perfection ne se montre point partout à son gré dans le détail, la masse de l'œuvre au moins lui paraît indéniablement louable ; il sait faire la part du médiocre, de l'incomplet et du mauvais, mais, au demeurant, l'originalité bibliotypique du livre demeure à son sens réelle et inattaquable.

L'idée lui vient de se relire, — non point avec cette pseudoblepsie de l'épreuve à corriger qui donne à l'œil d'un écrivain moins de clairvoyance pour l'expression de la lettre moulée que pour l'allure coquette de la phrase, mais avec cet esprit indépendant qui naît parfois de l'oubli de l'œuvre écrite. Il promène donc son regard dans le texte de son ouvrage comme un propriétaire, après une courte absence, se plaît à parcourir son domaine. Ici, la tristesse l'assombrit, car il se prend à critiquer l'art et le style de son ameu- blement, écrasés et comme en souffrance dans le cadre du logis; il se dit qu'il a trop sacrifié à l'architecture de la maison et pas assez au confortable de l'hôte; il se fait peine et se douloie; il a dû apporter, ou plutôt jeter là, en hâte et sans cohésion, tous les bibelots de l'idée, toutes les tapisseries inachevées de la pensée, ajouter ici, rogner plus loin, et tout cela, pense-t-il, hurle, danse, chavire et se tient mal en place. C'est, aux yeux de son amour- propre exagérateur, un désenchantement, une mortification com- plète. — Il confesse cette sensation en toute humilité.

Ce ne serait rien encore s'il ne relevait un peu partout, l'auteur infortuné, des coquilles gigantesques qui saillent en belle page dans la pure typographie de son livre. — Page 22, que lit-il? — : « On a fait du produit d'art la plus monstrueuse des choses en ce sens qu'elle empoisonne le goût », au lieu de « qu'il empoisonne ». Pages 25 et 26, toute une phrase mériterait la refonte, car on y voit un pluriel continuer un singulier à propos de l'art du japonais : page 56, il découvre Baudello pour Bandello; page 57, il blémit en trouvant Hémaphilie et Hémaphobie au lieu de Hémophilie et Hémophobie; page 142, il recule effaré... Il s'agit d'un miroir fellateur composé au sens de fallacieux. — « Horror! Horror! Horror! » se fût écrié Shakspeare.

L'angoisse alors le saisit, l'horrible angoisse de la faute, angoisse d'inquiétude toujours renaissante et toujours chercheuse! Il incri- mine correcteurs, protes et compositeurs; chaque faute découverte cardinalise sa joue d'une rougeur dont il n'est point responsable; il

se lamente, car les cartons sont impossibles, l'illustration s'y oppose,
le luxe du livre l'interdit : un ouvrage de bibliophile, non plus que
la femme de César, ne peut être soupçonné. — Que faire?... l'Er-
ratum, c'est le pilori typographique, il n'y faut point songer ; l'édi-
teur-imprimeur, fautif, ne s'y peut résoudre. Navré, étranglé par le
temps, tiraillé par le bon à brocher, l'auteur échoue à son bureau et
sa plume se traîne avec accablement dans la rédaction de cet appen-
dice correctif, *rubrique nouvelle dont il dote ses contemporains, au*
cas où ceux-ci auraient comme lui à souffrir de l'incroyable négli-
gence des petits-fils d'Estienne, de Caxton et de Plantin.

Où est le temps — se dit-il in petto *— où un vieux maître s'é-*
criait fièrement, en montrant une épreuve : « Je consens à bailler
dix ducats d'or par chaque faute découverte sur cette feuille impri-
mée ! »

Ombre d'Érasme, enténèbre-toi! — Voilez-vous dans vos suaires,
spectres d'Alde Manuce, d'Elzevier, de Vérard et de Vascosan,
la vapeur et les presses rotatives n'attendent plus pour le tirage
l'épreuve sagement et mûrement revisée, et nous pouvons, hélas !
irrévocablement porter le deuil de l'absolue correction.

TABLE

ACHEVÉ D'IMPRIMER

SUR LES PRESSES TYPOGRAPHIQUES ET EN TAILLE-DOUCE

DE LA

COMPAGNIE GÉNÉRALE D'IMPRESSION ET D'ÉDITION

(MAISON QUANTIN)

Ce septième jour de Novembre

M DCCC LXXXVII